학부모가 알아두면 좋은
디지털리터러시 툴북

정훈 지음

공존의 미학

시작하며

디지털 리터러시는 다양한 테크놀러지를 이용하여 효과적이고 비판적으로 정보를 탐색하고, 평가하고, 만들어 내는 능력입니다. 스마트폰과 나쁜 앱에서 헤어나오지 못하는 아이가 될지, 스스로 스마트폰과 앱의 사용을 조절하며 디지털 리터러시 역량이 강한 아이가 될지는 부모의 관심과 가정교육에 달려 있습니다.

앱의 선택과 활용방식에 대한 틀을 잡아주고 적절한 때가 되면 그 틀을 치워주는 것, 디지털 기기와 앱을 꺼두고 스스로 뭔가 해낼 공간과 시간을 마련해주는 것이 바로 부모들의 역할이자 책임입니다.

이 책에서 다룬 대부분의 앱은 미국 비영리교육재단 커먼센스미디어Common Sense Media가 제공하는 디지털 교육자원서비스-그라파이트Graphite.org에 참여한 선생님들이 높은 별점을 부여하고, 국내외 앱스토어에서 2년 이상 우수함을 인정받은 앱입니다.

부모와 아이가 함께 현명한 스마트폰의 활용과 좋은 앱을 탐색하는 시발점이 되길 희망합니다. 마지막으로, 1년간 아이들과의 긴 여행을 무사히 마치도록, 믿어주고 응원해준 사랑하는 아내에게 감사의 마음을 전합니다.

차 례

과목별 유용한 앱

언어	10	듀오링고 Duolingo
	12	퀴즈렛 Quizlet
	14	우마노 Umano
	16	멤라이즈 Memrise
	18	영국문화원 단어장 Words
	20	영국문화원 숙어집 Idioms
	22	영국문화원 동사편 Verbs
	24	구동사 머신 Phrasal Verb Machine
	26	톡투미 Talk2Me
	28	마음으로부터의 시 Poems By Heart
	30	시간별 뉴스 Hourly News
	32	자주 틀리는 우리말
수학	34	칸아카데미 Khan Academy
	36	바로풀기
	38	베드타임 매쓰 Bedtime Math
	40	단위변환기 컨버터 Convertr
	42	넘블러 Numbler
과학	44	원소 The Element
	46	별자리 차트 Star Chart
	48	어스뷰어 Earth Viewer
	50	개구리 해부 Frog Dissection
	52	놀라운 인체 My Incredible Body

체육	54	나이키 트레이닝 클럽 Nike Training Club
	56	루모시티 Lumosity
	58	무브 Move
	60	수면주기 측정기 Sleep Cycle
	64	코치의 눈 Coach's Eye
사회/도덕	66	타임라인 한국사
	68	피라미드 The Pyramid
	70	구글 어스 Google Earth
	74	지오캐싱 Geocaching
	78	베어풋 월드 아틀라스 Barefoot World Atlas
예술	80	타임라인 미술관
	82	스트립 디자이너 Strip Designer
	84	씽! 가라오케 Sing! Karaoke
	86	페이퍼 Paper
	88	아트시 Artsy
생활/취미	90	종이접기 Skilled Origami
	92	e진로채널
	96	퀴즈업 Quiz Up
	98	브레인팝 BrainPOP Featured Movie
	100	위크온 WeekOn

디지털 리터러시를 높이는 앱

검색	104	구글 검색 Google Search
	108	포켓 Pocket
	110	피들리 Feedly
	112	위키백과 Wikipedia
	114	유튜브 교육 Youtube Edu
활용	116	익스플레인 에브리씽 Explain Everything
	118	팝렛 Popplet
	120	에버노트 Evernote
	124	원노트 Onenote
	126	노트어빌리티 Notability
생산/공유	128	글로그스터 에듀 Glogster Edu
	130	구글 드라이브 Google Drive
	132	에듀크리에이션 Educreation
	134	패들릿 Paddlet
	136	드롭박스 Dropbox
	138	구글 행아웃/온에어 Google Hangout/On-Air
	144	스카이프 Skype
	146	쿠오라 Quora
	148	브레인리 Brain.ly

놓치기 아까운 웹

주제별 유용한 서비스	152	스크래치 MIT Scratch
	156	코드닷오알지 Code.org
	160	코드 아카데미 Code Academy
	162	마인크래프트 Minecraft
	168	버블링 Verbling
	170	잉비드 Engvid
	172	EBS 수학 EBS Math
교육용 자원 서비스	174	EBS 클립뱅크
	176	에듀넷 정보통신윤리교육
	178	사운드클라우드 SoundCloud
	180	테드 교육 TED Ed
	182	프로젝트 구텐베르크 Project Qutenberg
	184	그라파이트 Graphite
	186	INDEX

이 책에서 다룬 앱을 검색하려면 구글 검색, 애플 앱스 토어, 구글 플레이에서 한글이나 영문 제목으로 검색한 후, 우측의 아이콘과 비교해보세요.

듀오링고
Duolingo

과목별 유용한 앱

언어
·
수학
·
과학
·
체육
·
사회/도덕
·
예술
·
생활/취미

듀오링고
Duolingo

듀오링고는 다년간 애플 앱스토어와 구글 플레이 마켓에서 편집자의 선택 Editor's Choice이나 에센셜Essentials에 채택된 인기 앱이다. 로제타스톤처럼 아이가 모국어를 배우는 방식의 언어학습 서비스로서 스페인어, 프랑스어, 독일어, 포르투갈어, 이탈리아어, 영어 등 10여 개의 언어를 학습할 수 있으며 2014년부터 한국어 서비스도 추가되었다.

개인 역량에 대한 진단을 기반으로 취약 영역에 대해서 집중적으로 학습할 수 있는 강점이 있는 듀오링고는 영어학습 앱 대부분이 읽기와 듣기 위주인데 반해, 읽기·쓰기·말하기·듣기·어휘에 대해 통합적인 학습 과정을 제공한다. 단어와 문장 학습에 특장점이 있으며, 말하기 영역은 문장 읽기와 첨삭기능이 제공되어 발음교정에 유용하며 학습에 참여한 소셜 네트워크 친구와 선의의 경쟁을 펼칠 수 있다.

소셜 미디어·이메일·휴대폰에 등록된 연락처를 활용해 친구를 자기 학습공간으로 초대할 수 있다. 스스로 학습 목표를 정하도록 목표선택 기능을 제공하며,

학습진행경과를 주 단위로 확인할 수 있다. PC에서 제공하는 토론기능은 학습자 간 질의응답을 할 수 있어서 스스로 답을 탐구할 수 있다.

아이와 함께 듀오링고로 공부해보자. 영어공부에 힘들어하는 모습보다는 포인트XP, eXperience Point를 획득하기 위해 신나서 몰입하는 아이의 모습을 발견할 수 있을 것이다. 지속적인 학습을 독려하기 위해서는 부모도 듀오링고에 함께 참여해 열심히 공부하는 모범을 보여야 하고, 아이가 어려운 단계를 만나면 포기하지 않고 극복할 수 있도록 적절한 동기부여도 필요하다.

퀴즈렛
Quizlet

퀴즈렛은 이미 백만 명 이상의 학습자가 활용하고 있는 플래시 카드 앱이다. 이제는 새로운 단어를 외우기 위해 플래시 카드용 종이에 옮겨 적거나, 불룩하게 주머니에 넣고 다니지 않아도 된다. 퀴즈렛을 이용하는 전 세계의 학습자가 공유한 플래시 카드를 활용할 수 있고, 직접 나만의 플래시 카드를 만들 수도 있다.

퀴즈렛은 뒤집어가며 단어를 학습하는 'Card', 설명을 먼저 읽고 단어를 유추해내는 'Learn', 여러 개의 단어와 설명을 화면에 뿌려놓고 연관된 것을 이어주는 'Match', 이렇게 세 가지의 방법으로 어휘 학습을 할 수 있다. 텍스트를 음성으로 만들어주는 기술TTS, Text to Speech을 활용하면 듣기 연습에도 유용하다.

나만의 플래시 카드를 만들기 위해서는 단어를 입력한 후 이에 해당하는 설명을 찾아 직접 입력해야 한다. 퀴즈렛은 이러한 번거로운 절차를 덜어주기 위해 기존 학습자가 등록한 단어 중에서 가장 많이 사용된 설명을 추천해 주는 기능을 제공하며, 모르는 단어가 생길 때마다 스마트폰 앱으로 한 단어씩 등록하는 방법 외에도 퀴즈렛 사이트Quizlet.com를 통해서 일괄 등록할 수도 있다. 웹사이트에서는 자주 틀리는 단어와 잘 맞추는 단어, 아직 학습하지 않은 단어에 대한 나의 학습성과를 관리해 주고, 음성을 듣고 받아쓰기를 하는 'Speller', 설명을 제시하고 해당하는 단어를 입력하는 방식의 'Test', 설명이 흘러가기 전에 단어를 입력해야 하는 'Race' 게임 등 스마트폰에서 제공하기 어려운 다양한 기능을 제공하고 있다.

"우리 애는 매번 단어장만 만들고 있어!"라고 걱정할 필요는 없다. 단어장을 정리하는 것만으로도 충분히 학습된다. 매일매일 모르는 단어가 생길 때마다 퀴즈렛에 등록해두고 스마트폰을 이용해 짬짬이 공부하는 습관을 들인다면, 언어 실력 향상의 자양분인 어휘 실력은 눈부시게 성장할 수 있다.

퀴즈렛에는 국내 유명 어학학원을 비롯해 세계 유수의 출판사와 학습자에 의해 이미 많은 플래시 카드가 등록되어 있다. 이 플래시 카드를 활용해 학습에 활용하는 것도 괜찮은 방법이지만, 아이 스스로 단어장을 만들어 보는 것이 훨씬 더 좋다.

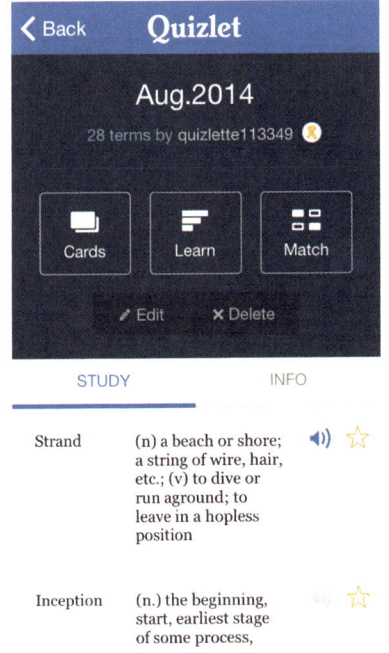

우마노
Umano

우마노는 매일 선정된 20개의 기사를 내레이터가 직접 읽어주는 오디오 서비스다. 영미권에서는 직장인과 학생이 출퇴근 때 많이 사용하는 앱 중 하나로, 청취자가 직접 참여해 기사를 추천하고, 아마추어 내레이터가 오디오를 녹음·등록하는 방식이다.

전문 성우나 내레이터가 아닌 아마추어가 참여한 오디오 콘텐츠이기 때문에 실제 생활 속 발음을 접할 수 있고, 녹음에 참가한 사람에 따라서 다양한 나라의 발음을 들을 수도 있다. 어쩌면 글래스고우에 살고 있는 영국 신사 할아버지가 녹음한 기사도 들을 수 있을지 모른다. 우마노는 영어권 사람에게는 뉴스 다시듣기 용도의 서비스로 자리잡았지만, 영어 학습자에게는 선별된 좋은 기사를 들으면서 청취력을 높일 수 있는 영어학습 도구다.

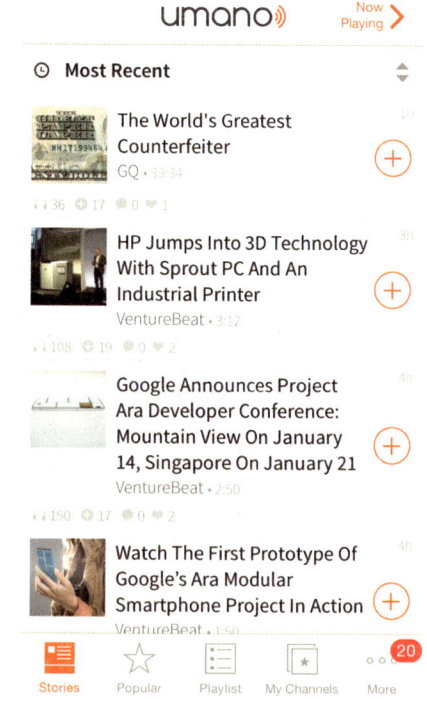

구글 크롬브라우저의 확장 프로그램을 사용하면 좀 더 쉽게 기사 선정 요청을 할 수 있고, 공유나 좋아요Like와 같은 기능을 통해 기사 평가도 할 수 있다. 이렇게 사용자가 참여·공유·평가한 기사는 웹사이트에서 추천되어 콘텐츠 선택에 드는 시간을 아낄 수 있다. 우마노는 백그라운드 재생 기능이 있어서 멀티태스킹이 가능하고, 오디오 재생화면에서 기사 제목을 클릭하면 기사원문으로 이동할 수 있다.

언어 | 15

 Stories

VentureBeat   Follow

NARRATED BY

Sam Scholl

Hiding behind a mic and a life of intrigue, Sam dreams of one day roaming the land in a used Winneba...

SOCIAL ACTIVITY
00:00   00:00
        Like   Comment
        1x

 Google Announces Pr...

 | NEWS   SIGN UP   LOGIN

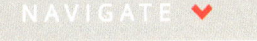

Be a Software Engineer

News Briefs

Google announces Project Ara developer conference: Mountain View on January 14, Singapore on January 21

00:09   02:40
        1x

멤라이즈
Memrise

연상작용을 활용한 학습 서비스 멤라이즈는 학습량과 성취도에 따라 농장을 비옥하게 만들고 열매를 수확하기도 하는 온라인 농장 게임Online Farming Game 방식의 학습서비스다.

옥스포드대, 런던칼리지와 연구협력을 통해 암기력 강화를 위한 데이터 세트와 멤라이즈만의 핵심 요소인 정교한 인코딩Elaborate Encoding, 안무 테스트Choreographed Testing, 예약 알림Scheduled Reminders을 개발했으며, 이를 이용해 언어 학습, 예술, 엔터테인먼트, 암기 훈련 등 연상을 활용한 다양한 학습 프로그램을 제공한다.

일반적으로 뇌는 암기에 대한 자연스러운 저항이 있는데, 이를 줄이기 위해서 멤라이즈는 유사 그룹을 묶어서 반복하거나 같은 어휘를 다양한 방법으로 제공한다.

멤라이즈에는 200여 개의 언어학습 과정을 포함해 1,000여 개의 다양한 과정이 등록되어 있다. 'Courses'는 과정별 학습자 수, 과정 완료에 걸리는 시간, 과정 제공자, 제공자를 팔로우하는 사람 수 등 자세한 평판 정보를 제공한다.

학습자는 과정 제공자가 등록한 콘텐츠를 학습하거나 직접 콘텐츠를 만들 수도 있다. 학습량과 성취도에 따라 주별·월별·누적 순위가 제시되고, 학습에 참여한 사용자

가 가장 많이 틀리는 단어를 따로 모아서 제공하기도 한다. 학습량과 성취도가 높아질수록 수풀이 우거지는 스토리를 활용한 학습화면은 학습자에게 강력한 동기부여를 제공한다. 모바일에서도 PC와 같이 'Courses'를 선택할 수 있어서 연속 학습을 할 수 있다.

멤라이즈는 효과적인 학습을 위해서 한 번에 많이 학습하는 것보다는 15~30분 정도 매일 적절하게 학습하는 것을 추천하고 있다. 저학년일수록 멤라이즈에서 추천하는 방식에 따라 꾸준히 학습하면 자기주도적 학습 효과가 더욱 높아질 수 있다.

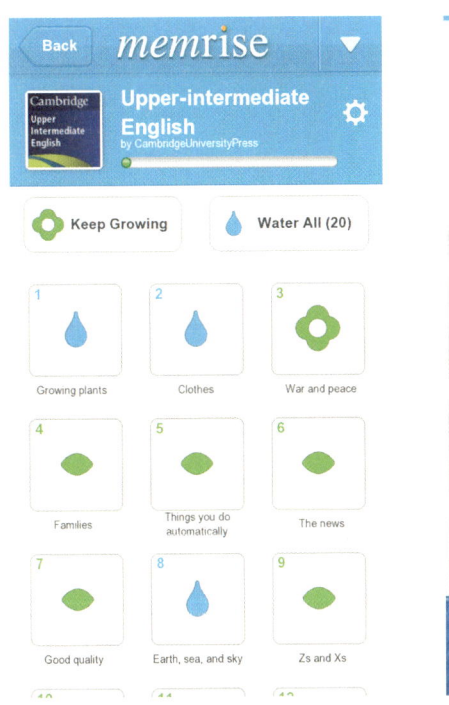

영국문화원 단어장
Words

영국문화원 앱은 "다양한 경로로 단어를 접할수록 쉽게 익힐 수 있다"라는 언어심리학 이론에 근거한 6 미팅 학습법을 적용해 주한영국문화원이 개발한 앱이다. 단어장Words·동사편Verbs·숙어집Idioms는 주한영국문화원이 인증한 원어민 강사의 정통 영국식 발음과 실생활에서 자주 쓰는 예문을 제공한다. 단어장은 생활 속 다양한 상황에서 응용할 수 있는 중요 영어단어 1,500개를 엄선해 일상생활Everyday, 업무Work, 시험Exams으로 분류하였다.

복습이 필요한 단어를 저장하고 영국 원어민의 발음으로 저장된 단어와 예문을 반복해 청취할 수 있다. 동의어와 반의어를 포함한 영문 해석과 예문을 제공하고, 해설은 영문으로 구성되어 영어로 생각하고 이해할 수 있는 학습능력을 키운다. 단어 의미는 카드기억 게임, 철자법은 알파벳 빈칸 넣기와 재배열 게임으로 학습하며, 퀴즈 방식으로 동의어와 반의어까지 연계학습을 할 수 있다. 단어장으로 열심히 행맨 게임을 하다 보면 높은 순위로 올라갈 수 있고, 주한영국문화원에서 제공하는 갖가지 오프라인 혜택도 얻을 수 있다.

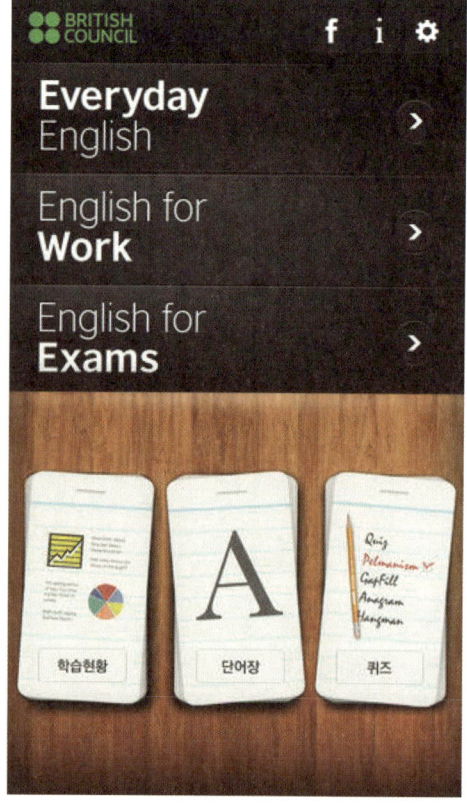

단어장의 6 미팅 학습 프로세스

1. 단어 학습 Word study
2. 의미 찾기 Pelmanism
3. 빈칸 넣기 Gap-fill
4. 단어 배열 Anagram
5. 동의어 및 반의어 Synonym & Antonym
6. 행맨 게임 Hangman

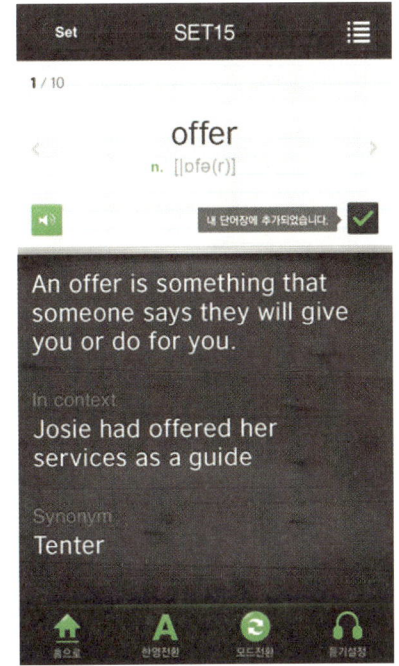

영국문화원 숙어집
Idioms

숙어Idioms나 구동사Phrasal Verb를 잘 활용하면 유창한 영어를 할 수 있다. 주한영국문화원에서 제공하는 숙어집은 일상 속에서 필요한 영국식 숙어 표현 500개를 선별해 주제·상황별로 50개의 학습 세트를 구성하였다. 주제별 숙어는 다양한 키워드를 활용한 숙어, 상황별 숙어는 영화, 스포츠, 동물 등과 관련된 숙어로 구성된다.

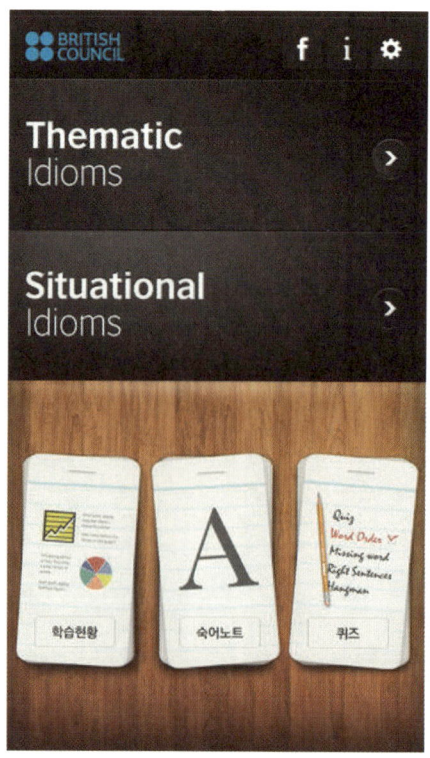

숙어집의 6 미팅 학습 프로세스

1. 숙어 학습 Idiom study
2. 문장 만들기 Word Order
3. 단어 넣기 Missing Word
4. 맞는 문장 고르기 Right Sentence
5. 대체 문장 찾기 Match up in Other Words
6. 행맨 게임 Hangman

영국문화원 동사편
Verbs

동사편은 다양한 상황과 일상 속에서 자주 쓰는 정통 영국식 동사 500가지를 선별해 50개의 학습세트로 구성하였다. 반복·청취할 수 있도록 자동재생 기능을 제공하며, 알람기능을 이용해 일정 시간 동안 규칙적으로 학습할 수도 있다.

또한, 퀴즈 방식으로 학습 성과를 진단할 수 있고, 학습 현황과 정답률을 그래프 형태로 제시한다. 다른 회원의 퀴즈 결과와 순위를 볼 수 있어서 선의의 경쟁을 유도한다.

동사편에서 제공하는 6 미팅 학습 프로세스

1. 동사 학습 Verb study
2. 전치사 찾기 Missing Preposition
3. 맞는 문장 고르기 Right Sentence
4. 문장 완성하기 Fill in the Blank
5. 맞는 표현의 대화 찾기 Call My Bluff
6. 행맨 게임 Hangman

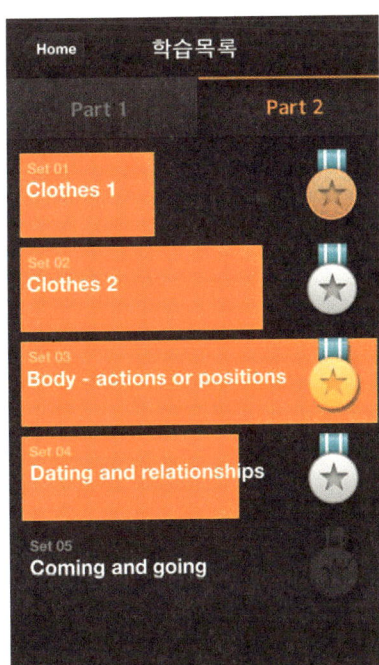

구동사 머신
Phrasal Verb Machine

구동사Phrasal Verbs는 동사에 2~3개의 전치사나 부사가 결합되어 또 다른 의미를 갖는 단어 조합을 말하는데, 비영어권 사람이 어려워하는 학습영역으로 알려져 있다. 주된 의미가 있지만, 특정 상황에서는 전혀 다른 의미로 표현되는 경우가 많아서 하나의 구동사에 다섯 개 이상의 의미가 붙기도 한다. 이처럼 구동사는 역동적인 특징이 있어서 상황과 함께 공부하는 것이 효과적이다.

케임브리지대학교 출판사에서는 영어 학습자가 어려워하는 구동사 학습을 돕기 위해 구동사 머신을 출시했다. 구동사 머신은 굴레수염을 한 파라소

The Amazing Phraso와 그의 친구들이 서커스 무대를 배경으로 재미있는 애니메이션과 함께 100개의 구동사를 설명한다. 재미있는 캐릭터와 친근한 애니메이션은 부담 없이 즐기면서 공부할 수 있게 돕는다.

구동사를 보여준 다음에는 짧은 애니메이션을 제공하는데, 이를 통해 구동사가 상황에 따라 어떻게 의미가 달라지는지를 간접적으로 경험할 수 있다. 정확한 의미와 예문을 알고 싶을 때는 화살표를 클릭해 직접 확인할 수 있다. 구동사 머신은 영국식 영어로 제공되어서 'Splash out'과 같이 미국식 영어에서 잘 사용하지 않는 표현도 다룬다.

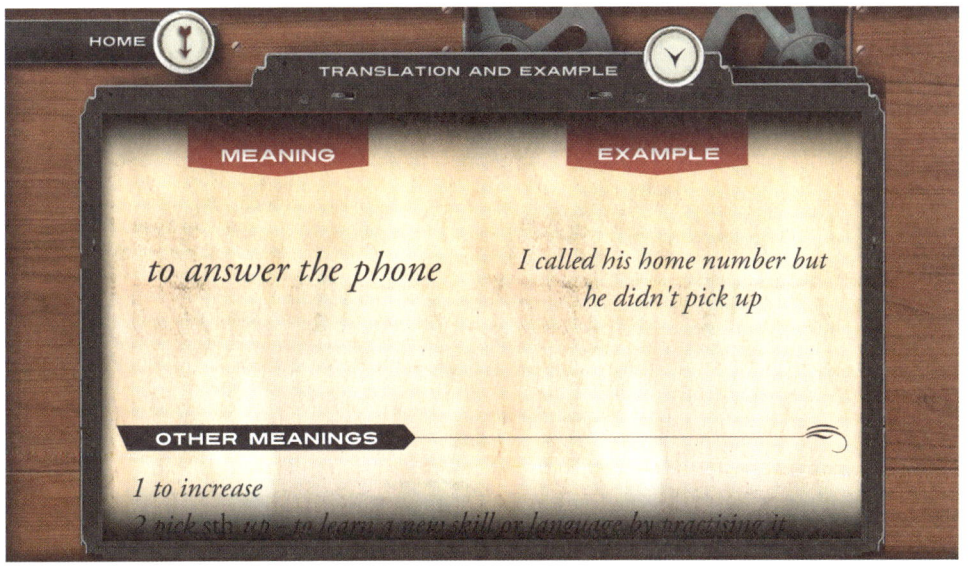

톡투미
Talk2Me

영어의 의사소통 능력을 향상하기 위해서는 영어 학습의 네 가지 기능인 읽기·쓰기·말하기·듣기의 통합적 학습이 필요하다. 특히, 쓰기는 자기 생각이나 의도를 문자라는 수단을 통해 타인에게 전달하는 행위이며, 말하기의 토대라고 볼 수 있다.

국내 스타트업 '퀄슨'이 제공하는 톡투미는 일상 생활 속에서 스마트폰을 활용해 짬짬이 영작 연습을 할 수 있는 서비스다. 두 시간마다 앱을 통해서 질문이 배달되고, 메시지를 수신한 학습자가 200자 이내로 영작해 회신하면, 톡투미의 영어 선생님이 직접 첨삭을 해준다. 아이의 생활영어에 대해서 영작 첨삭을 받고 싶다면 '프로필 변경'에서 관심 학습영역을

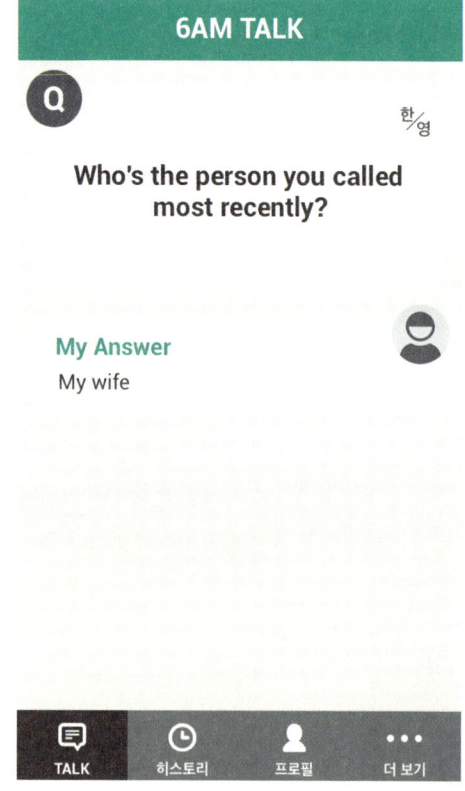

변경하면 된다.

톡투미는 다양한 범주의 질문이 제시되므로 자연스럽게 영작을 하면서 다른 분야로도 어휘를 확장할 수 있으며, 최초 제시된 첨삭 주제와 연계된 질문으로 확장하면서 톡투미 선생님과 깊이 있는 토론도 할 수 있다.

첨삭 서비스는 톡투미 외에도 많은 어학교육 서비스나 공공서비스에서도 제공하고 있다. 무료로 첨삭서비스를 받아보고 싶다면, EBS 영어방송에서 운영하는 인터넷서비스 EBSe www.ebse.co.kr를 활용해보자. EBSe는 'Writing Board'를 통해 첨삭 서비스를 무료로 운영하고 있으며 48시간 내에 첨삭 결과를 회신하고 있다.

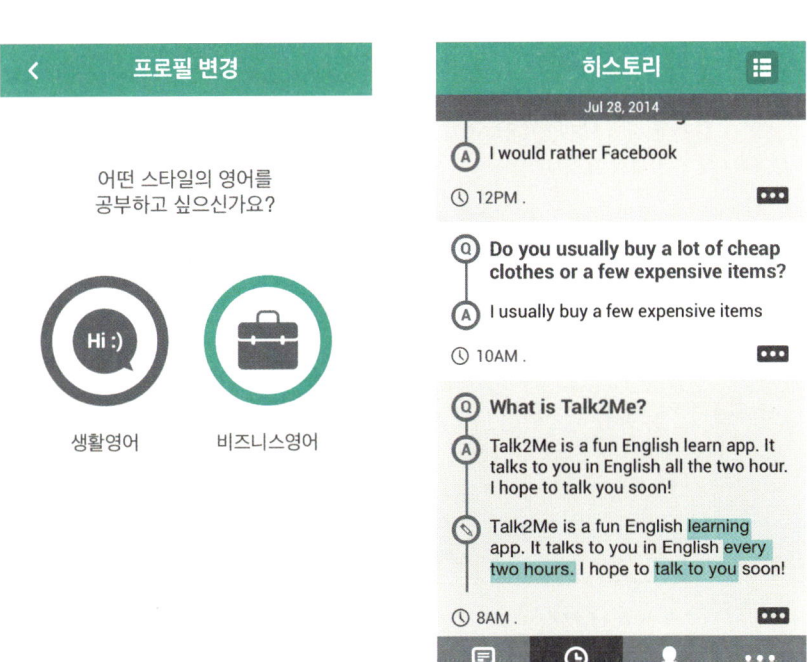

마음으로부터의 시
Poems By Heart

의사소통이란 언어를 통한 정보 교환뿐만 아니라 어떤 상황에서 느끼는 감정이나 정서를 다양한 방법으로 전달하는 '의미의 전이'에 대한 언어·비언어적 활동이다. 언어가 사람 사이의 의사소통을 위해 존재하므로 그 언어를 모국어로 사용하는 사람들의 문화·사상·정서·가치·전통·사회 속에서 언어를 배우는 것이 중요하다.

바람직한 언어 습득은 영어 용례나 어휘를 학습하고 상황 영어를 모방하는 것만으로는 부족하며, 언어에 담긴 문화적 총체를 통해 인지·정서적으로 경험할 때 완성될 수 있다.

고전 영시는 삶과 유리되지 않은 주제와 소재를 담고 있을 뿐만 아니라, 그러한 주제를 느끼고 경험할 수 있게 해줌으로써 언어적 향상과 인지적, 정의적 발전까지 도모할 수 있는 영어학습의 귀중한 자료가 되고 있다. 또한, 영어 학습자들에게 중요한 요소인 소리의 강약, 리듬과 음악성을 풍부하게 담고 있어 일상 언어가 주기 힘든 영어에 대한 강력한 경험을 유발할 수 있다. (이도선, 고려대학교)

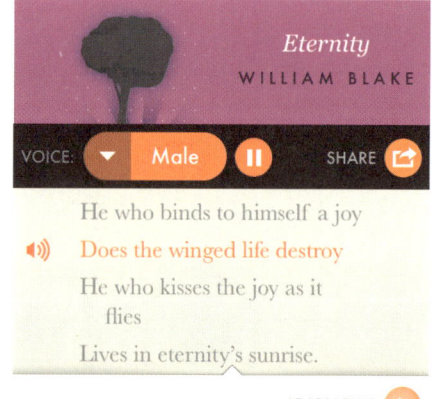

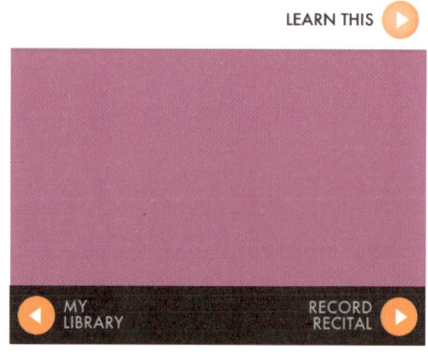

60여 년 이상 영어권의 고전 문학을 이끌고 있는 펭귄출판사는 고전 명시의 암송을 돕기 위한 마음으로부터의 시를 출시했으며, 셰익스피어, 에드가 앨런 포, 에밀리 디킨슨 등 유명 작가의 고전명시를 게임 형식으로

재미있게 암송할 수 있도록 돕는다.

마음으로부터의 시는 고전 명시 한 줄 한 줄을 남녀 성우가 정성스럽게 읽어준다. 암송이 완벽하다고 판단되면 'Learn This' 메뉴를 통해 도전할 수 있는데, 주어진 시간 내에 빠진 단어를 찾는 게임 형식이다. 이렇게 명시의 암송과 게임을 풀어가는 과정을 통해서 고전 명시를 쉽고 재미있게 외울 수 있다. 고전 명시를 외우는 과정 중에 녹음된 암송 파일은 소셜 미디어를 통해 공유할 수 있고, 친구에게 메일로 전달할 수도 있다. 아이가 고전 명시를 영어로 외우고 싶어 한다면 **마음으로부터의 시**를 추천해보자.

 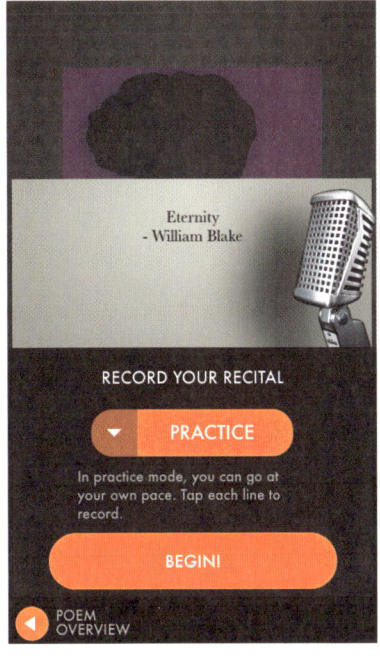

시간별 뉴스
Hourly News

"잘 들려야 잘 말할 수 있고, 귀에 익숙해지는 것이 중요하다." 외국어를 잘 듣고 싶다면 해외 뉴스사이트를 활용해 보자.

아나운서의 표준어 발음이 영어 듣기에 적합해 교육전문가는 청취력 향상을 위해서 영어 뉴스를 활용하는 것이 좋다고 말한다. CNN, BBC, VOA 뉴스를 활용한 영어 공부법이 어제오늘의 일은 아니지만, 스마트폰이 보급되면서 성인뿐만 아니라 중·고등학생 사이에서도 인기가 높다.

시간별 뉴스는 전 세계의 유명 방송사 뉴스를 요약해 시간대별로 들려주는 간단한 기능의 앱이다. NPR, BBC, CBC, ABC, WSJ, ESPN, VOA, SRN, BMM, DW, FOX News 뉴스를 제공하

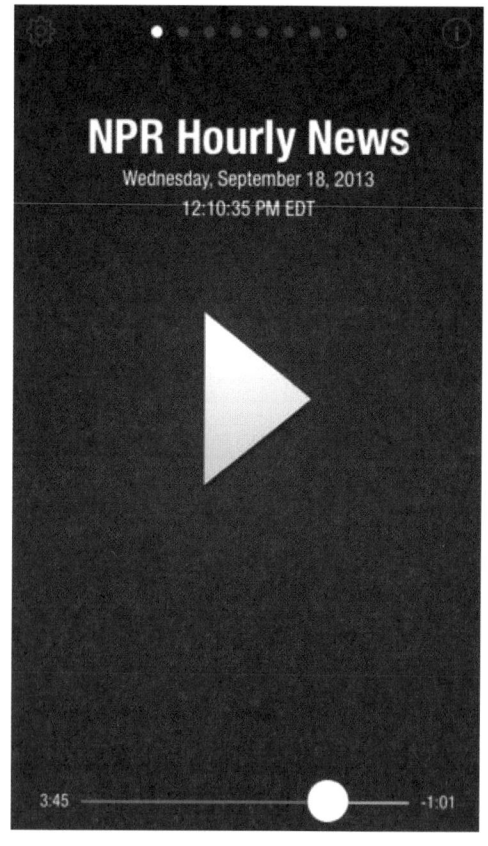

는데 유료 결제를 하면 내 Podcast URL도 등록해 통합 관리할 수 있다. 맥북 사용자는 바탕화면의 상단에 재생버튼을 등록해두면 더 편리하게 이용할 수 있다.

처음부터 끝까지 단어 하나 빼놓지 않고 듣기보다는 3~4번 반복 청취하면서 전체 내용을 파악하는 것이 좋다. 각 방송사 웹사이트를 방문하면 대본이 등록되어 있어서 좀 더 수월하게 영어 공부를 할 수 있다.

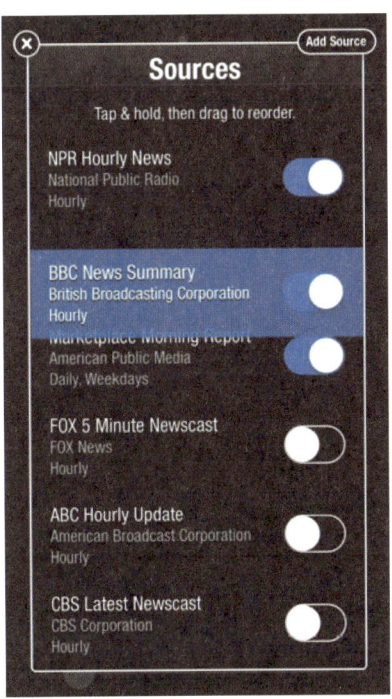

자주 틀리는 우리말

자주 틀리는 우리말은 대화하거나 글을 쓸 때 헷갈리기 쉬운 우리말 표현을 찾아볼 수 있는 우리말 학습프로그램이다.

'헷갈리다'와 '헛갈리다'처럼 바꿔쓰기 쉬운 표현이 어떻게 다른지 한눈에 확인할 수 있고, 표현별 예문을 통해 올바른 사용 예제를 학습할 수도 있다. 또한, 문제풀이를 하면서 틀린 문항은 오답 노트에 입력되므로 복습하기도 쉽다.

380개의 표제어와 517개의 퀴즈 문항을 무료로 사용할 수 있으며, 3,000개의 표제어와 5,226개의 퀴즈 문항은 추가 구매할 수 있다. 글쓰기를 잘하고 싶거나 한국어 능력 시험, 공무원 시험을 준비하는 사람에게 유용하다.

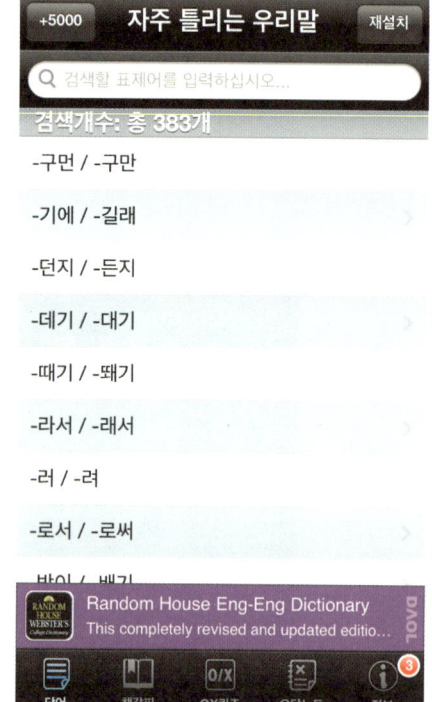

-던지 / -든지

던지

지난 일을 돌이켜 보면서 그것이 다른 어떤 사실을 일으키게 하는 원인이 됨을 나타낼 때 쓰는 말.
예 어찌나 좋았던지 겅중겅중 뛰었소.

든지

무엇이나 가리지 않는다는 뜻을 나타낼 때 받침 없는 말 혹은 용언의 어간에 붙여 쓰는 보조사.
예 사과든지 배든지 알아서 사 오너라.
예 있든지 말든지 마음대로 해라.

바른 찜 구이에는 갈비새김이 적당합니다.

바른 잠이 모자라다.

바른 날씨가 따습다.

바른 귀이개를 찾았다.

틀린 피하라고 귀뜸해 주다.

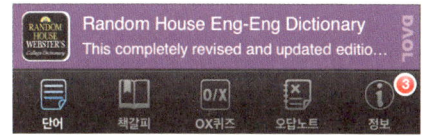

칸아카데미
Khan Academy

칸아카데미는 2006년 살만칸이 사촌 동생에게 수학을 가르치기 위해 유튜브에 동영상을 올린 것이 시초가 된 비영리 교육서비스이다. 초중등 교육 수준의 수학, 화학, 물리학부터 컴퓨터 공학, 금융, 역사, 예술에 관한 강의를 무료로 제공하며, 빌앤멜린다게이츠재단, 자선사업가의 기부금으로 운영되고 있다.

칸아카데미 강의는 10분을 넘지 않는 분량으로 제작되며, 웹사이트뿐만 아니라 모바일 앱에서도 학습할 수 있다. 일방적인 주입식 강의 방식이 아니라 교사, 멘토, 부모가 학습 과정에 참여할 수 있도록 학습 분석통계와 성과보고서를 제공하고 있어서 교실 안팎으로 활용도가 높다.

수학은 등급·주제별로 기초부터 고급까지 강의 계획에 맞추어 등록되어 있고, 진단 처방방식을 도입해 학습자의 취약 영역을 진단·강화하는 학습방법을 제공한다. 프로그래밍 과정은 학습자가 코딩한 결과에 대해 빠르게 피드백을 제시할 수 있도록 즉각적인 학습환경을 제공한다. 2014년 6월 기준 6천 개의 학습 콘텐츠와 십만 개의 연습문제가 등록되어 있고, 35만 명의 교사와 월 1천만 명의 학생이 칸아카데미를 이용하고 있다.

칸아카데미는 학습 콘텐츠를 내 학습방 담아서 혼자 학습하는 기존의 학습방식에서 벗어나 개념 이해 동영상을 중심으로 학습자 간 질의응답과 토론, 부가적인 학습자료까지 한 곳에서 학습할 수 있는 개방형 학습구조를 갖고 있으며, 학습자가 세운 학습 목표와 연계해 학습 진행과정을 한눈에 알기 쉽게 보여준다.

'코치'Coach 메뉴는 멘토와 부모가 학습자의 학습 과정에 참여해 목표 달성을 할 수 있도록 학습성과 자료를 제공하며, 학생관리, 진척관리, 역량관리, 달성한 콘텐츠 한눈에 보기, 현황 자료 등 학습활동을 구체적으로 확인할 수 있다. 아이의 학습진행 상태를 상세히 관찰할 수 있어서 가정 학습에 효과적이다.

네이버 넥스트 재단에서는 2014년 7월 칸아카데미와 파트너 협약을 하고 현재 자원봉사들과 함께 한글화 작업을 진행 중에 있다.

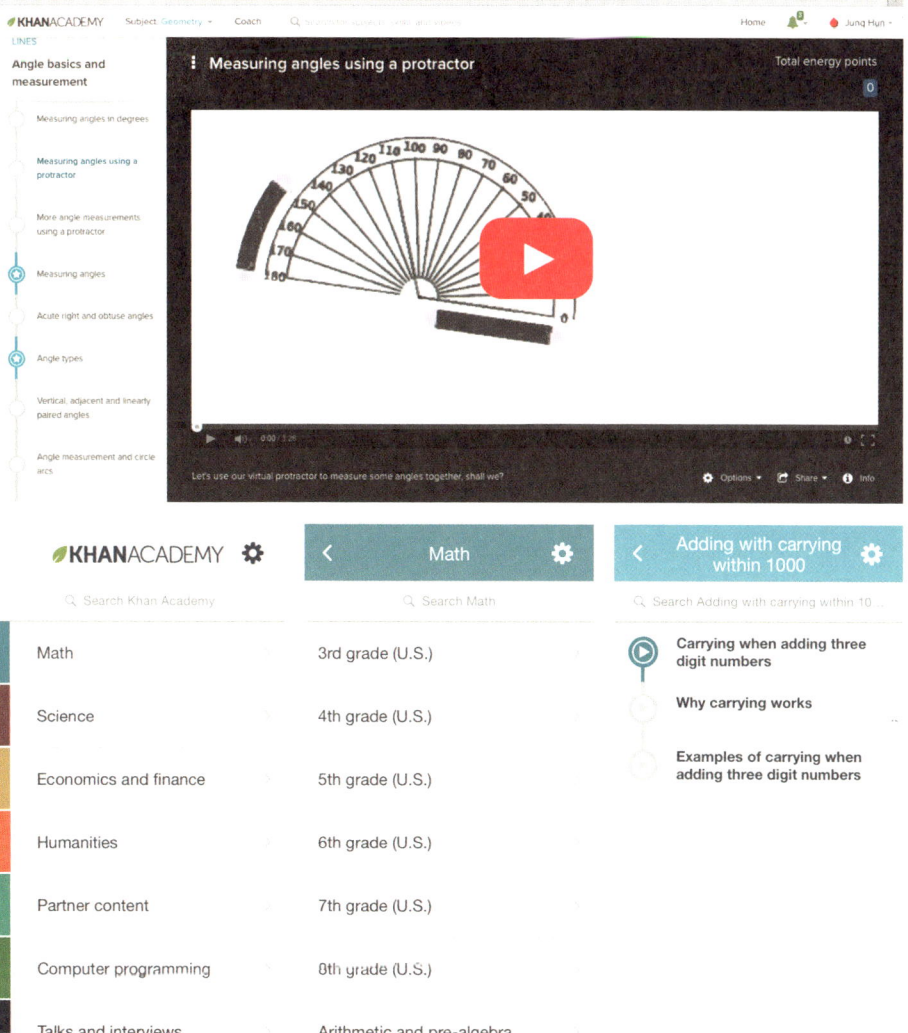

바로풀기

르네상스 시대부터 새로운 과학으로서 눈부시게 발전한 수학은 먼 나라로 나가기 위해 필요한 부력, 배의 무게 계산, 큰 파도에 견디기 위한 배의 중심 선정과 같은 문제를 해결하는 중요한 학문이었다.

16세기에는 연속적인 패턴·통계와 같은 기초 수학이 연구대상이었으나 오늘날에는 불연속 현상과 인간의 심리까지 수학적인 관점에서 연구하고 있으며, 이를 통해 우리가 사는 사회를 더욱 진화·발전시키고 있다. 그런데도 과도한 입시 중심의 우리나라 교육체계는 수학을 재미없게 만들고, 입시 점수를 위해 60%의 학생이 뒤돌아보지 않고 포기하는 것이 현실이다.

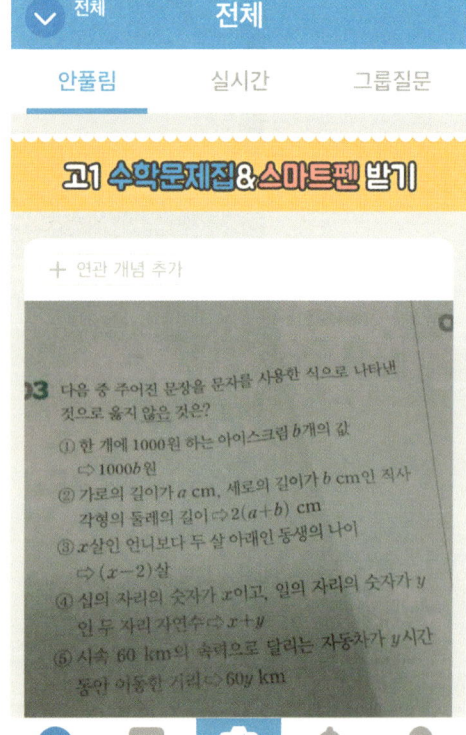

바로풀기는 문제 풀이 과정에 어려운 문제를 만났을 때 사진으로 찍어 올리면, 실시간으로 답변을 제공하는 서비스다. 2014년 12월 기준, 1일 질문 수 2,000개 돌파, 90%의 답변이 평균 30분 안에 해결되고 있다. 네이버 지식인의 수학 부문 질문 수가 1일 최대 1,000개 미만이고 세계적인 Q&A 플랫폼인 쿠오라Quora의 답변율이 80%인 것에 비하면 바로풀기의 활성화 수준은 아주 높다.

바로풀기는 스마트폰 카메라를 활용하

는 모바일 중심의 서비스이지만, PC에서도 이용할 수 있으며 수학뿐만 아니라 다른 과목도 다루고 있다.

모르는 문제가 생겼을 때 숙고의 시간을 가지지 않고 곧바로 질문해 해결하는 것은 좋은 방법이 아니라고 교육전문가들은 강조하고 있다. 따라서 바로풀기와 같은 서비스를 올바르게 활용해 학습효과를 높이려면 먼저 아이에게 질문 태도와 방법을 알려주는 교육이 먼저 이루어져야 한다.

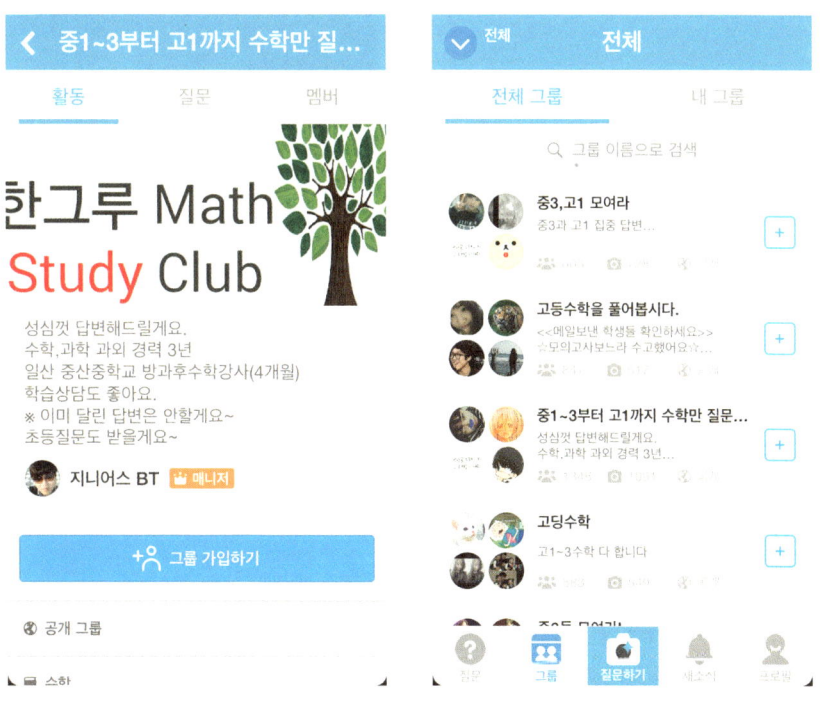

베드타임 매쓰
Bedtime Math

디지털 시대에는 책을 읽고 쓰는 역량(문해력)Literacy 외에도 수학적이고 논리적인 사고력과 문제 해결 역량이 중요하다. 베드타임 매쓰는 매일 수학문제와 답안을 뉴스레터나 스마트폰 앱을 통해서 배달해 주는, 이름처럼 부담없이 침대맡에서 즐기는 일일 수학학습 서비스다.

베드타임 매쓰의 문제는 배경 설명과 함께 난이도별Wee One, Little Kids, Big Kids로 문제를 풀 수 있도록 구성되어 있다. 400개가 넘는 다양한 주제의 수학 문제가 있고, 매일 푸는 문제에 대한 성과는 웹사이트를 통해 매월

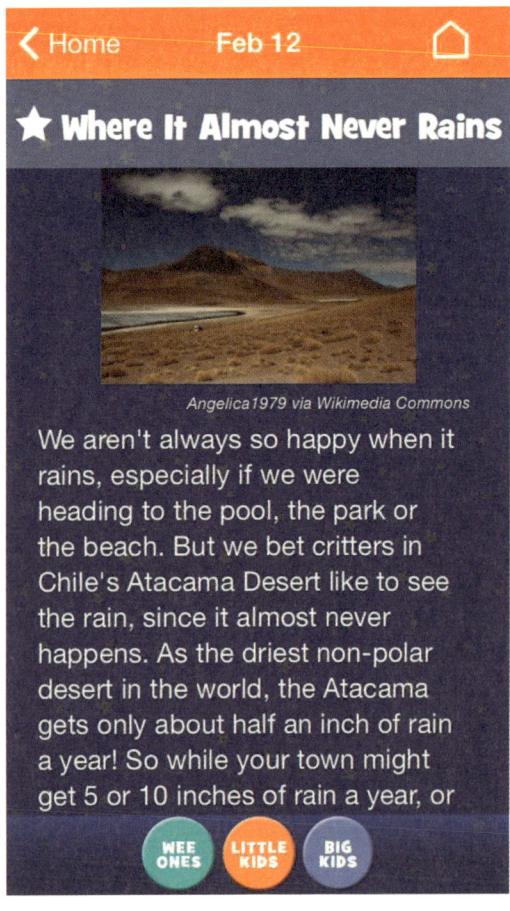

성과 리포트로 제공된다.

실생활과 관련된 상황을 주제로 매일 하나씩 출제되는 수학 문제는 가족 놀이로도 활용할만하다. 현재 영어로만 제공되고 있는데 비교적 쉽게 표현되어서 해석하는 데 큰 불편은 없을 것이다.

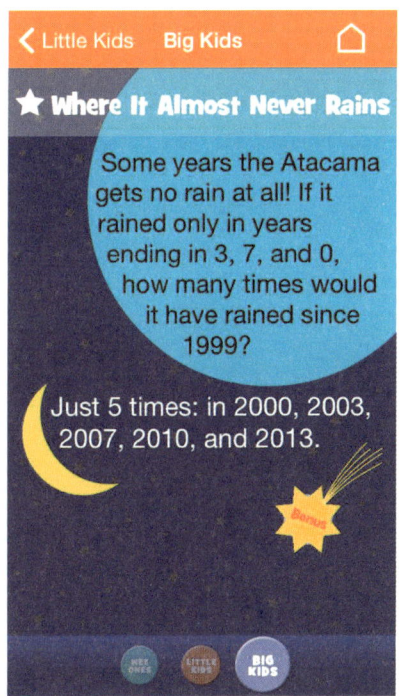 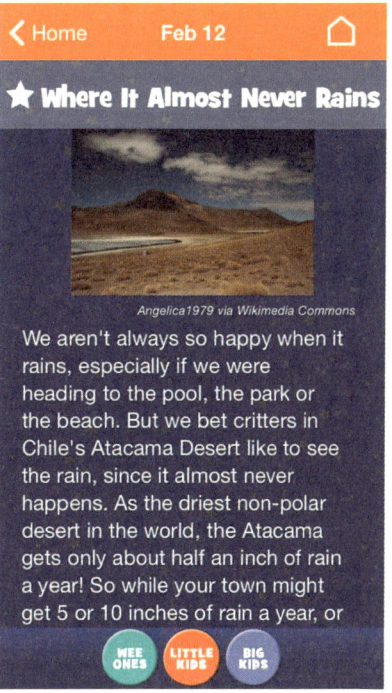

단위변환기 컨버터
Convertr

단위변환기는 사칙연산, 단위변환, 소인수 분해, 비율과 개수 등 수학 공부를 위한 필수 도구다. 앱스토어에 등록된 수많은 단위변환기 중 컨버터는 잘 만들어진 단위변환기로 손꼽힌다. 컨버터는 직관적인 화면구조로 되어 있고, 총 24개의 카테고리와 450개 단위로 구성되어 있다.

다른 앱을 활용하다가 단위 변환이 필요할 때는 복사한 숫자를 컨버터에 직접 붙여넣기를 할 수 있어서 입력의 번거로움을 크게 줄였다. From-To 아이콘을 클릭해 단위 위치까지 변경할 수 있으며, 자주 이용하는 단위는 즐겨찾기에 등록할 수 있다.

즐겨찾기Bookmark와 단위 변환 이력History을 통해 자주 사용하는 단위와 과거의 단위 변환 기록을 쉽게 찾을 수 있으며, 설정을 이용해 내게 맞춘 단위변환기를 만들 수도 있다.

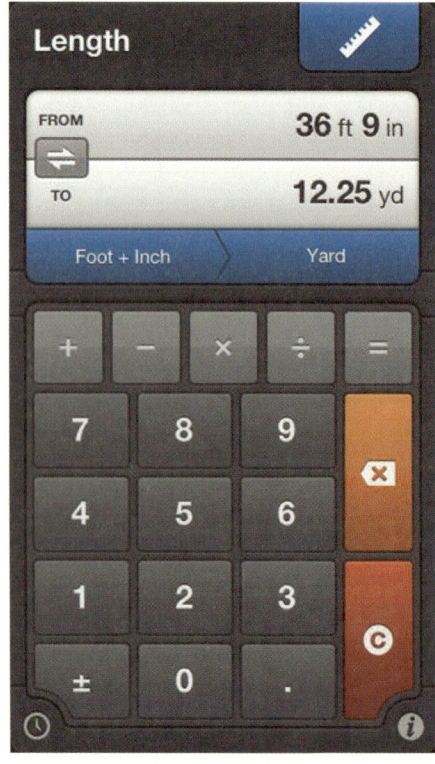

단위변환기 컨버터의 카테고리

각도, 지역, 통화, 통신 속도, 데이터 크기, 밀도, 에너지, 힘, 주파수, 연료, 길이, 질량·무게, 조도, 압력, 방사능, 속도, 온도, 시간, 회전력, 활판인쇄술, 점도, 부피, 체적유량

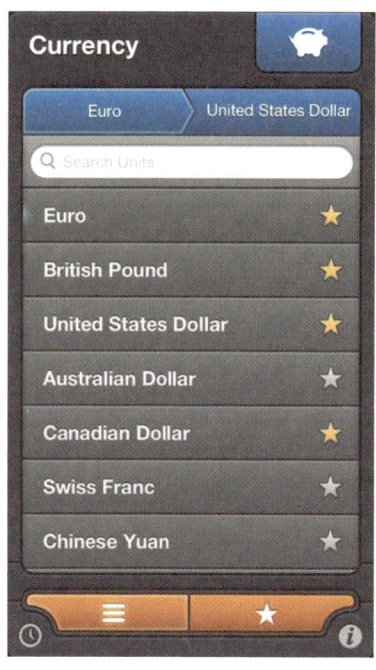
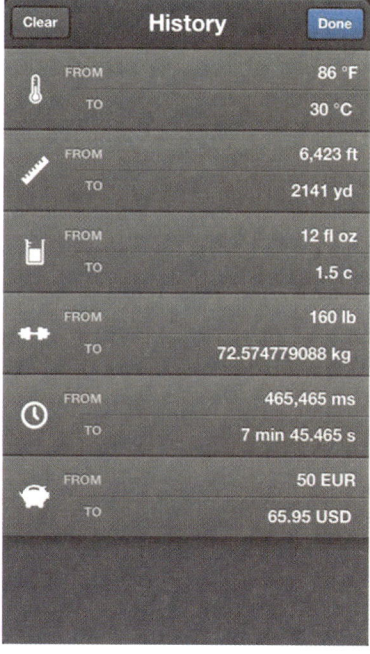

넘블러
Numbler

넘블러는 알파벳을 이용해 글자를 만드는 스크래블 형식의 게임 앱이다. 숫자를 중복 없이 채워 넣는 스도쿠 게임과 유사하며 두뇌 트레이닝용으로 가볍게 즐길 수 있는 게임이다. 넘블러를 즐기기 위해서는 사칙연산만 할 수 있으면 된다. 게임 보드는 스크래블과 아주 비슷해 글자 대신에 숫자 타일과 방정식 기호가 놓여있는 정도만 다르다.

넘블러 게임엔진과의 1:1 대결을 펼칠 수 있고, 아이폰 사용자는 게임센터를 통해 친구들과 순위경쟁도 펼칠 수 있다. 넘블러 게임엔진과의 긴박한 수학 게임 속에서 한 시간은 순식간에 지나간다. 그렇다고 게임 플레이가 복잡한 것도 아니다. 내가 가지고 있는 숫자를 덧셈, 뺄셈, 나눗셈과 같은 방정식을 이용해 맞추면 된다.

게임 플레이어는 자기 차례가 오면 타일과 방정식을 활용해 수직·수평으로 확장할 수 있는데 매번 최소 게임 보드로부터 최소 1개, 자기 타일의 2개를 사용해야 한다. 인접한 타일이 정답 일부이어야 하며 방정식이 맞아야 한다. 이때 사용된 타일은 다시 움직일 수 없다. 게임

플레이어는 자기 차례를 통과할 수 있고, 상대방과 대결에서 두 번을 이기게 되면 게임은 종료된다.

넘블러와의 한판 게임을 마치면 머릿 속 수학 근육이 성장했다는 것을 느낄 수 있을 것이다. 이 게임은 어른의 두뇌 훈련뿐만 아니라 교실에서 수학 수업을 할 때나 아이와 함께하는 게임으로도 추천할만하다.

유료 버전은 난이도가 높은 게임 엔진과 대결을 할 수 있지만, 무료 버전만으로도 충분히 넘블러의 매력을 느낄 수 있다. 넘블러는 간단한 사칙연산 게임이지만, 게임을 통해 수학이 재미없는 과목이 아니라는 것을 아이에게 느끼게 해준다.

원소
The Element

더 분해되지 않는 물질의 기본 구성 성분을 '원소'라고 한다. 우리가 음식물을 통해 섭취하는 철 성분Fe과 금속의 구성요소인 철Fe은 같은 원소다. 음식물에 함유된 철은 다른 원소와 화학적으로 결합해 우리가 먹을 수 있는 형태가 되었지만, 단단한 금속제 도구를 이루는 철은 순수한 철 원자로만 구성되어 있어서 먹을 수 없다는 점이 다르다.

1869년 러시아의 화학자인 멘델레예프는 원소들을 연구하면서 한가지 흥미로운 사실을 발견했다. 당시까지 알려져 있던 원소들을 원자량의 순서에 따라 배열했을때, 화학적 성질이 비슷한 원소가 일정한 간격을 두고 주기적으로 나타난다는 것이다. (네이버 백과사전)

이 관찰을 기반으로 멘델레예프는 최초의 주기율표Periodic Table를 만들었다. 원소는 3D로 만들어진 원소주기율표 앱이다. 3D 이미지는 터치 기능을 사용해 회전시킬 수 있고, 확대·축소를 통해 세세한 부분까지 360도로 돌려가며 관찰할 수 있다.

원소번호, 기호, 녹는점, 존재비 등을 터치하면 특성에 따라 분류된 요소가 팝업창으로 나타난다. 고품질 3D 이미지, 자세한 설명, 검색엔진을 통해서 각 원소의 결정 구조, 원자 반지름, 원자량 등 원자에 대한 기술 정보를 실시간으로 제공한다.

중학교 2학년 과학 시간에 만나는 원소주기율표! 재미있게 원소주기율을 공부해보려면 원소를 활용해보자.

과학 | 45

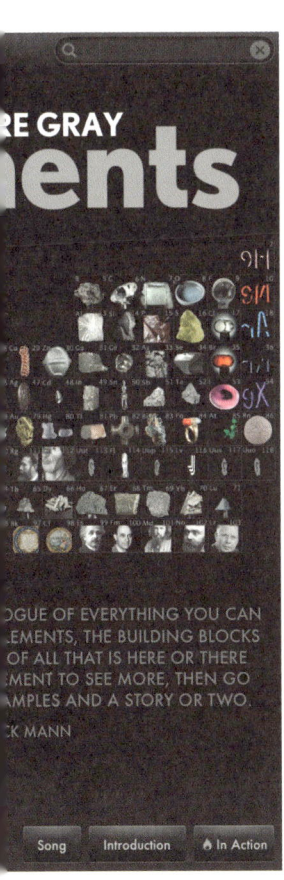
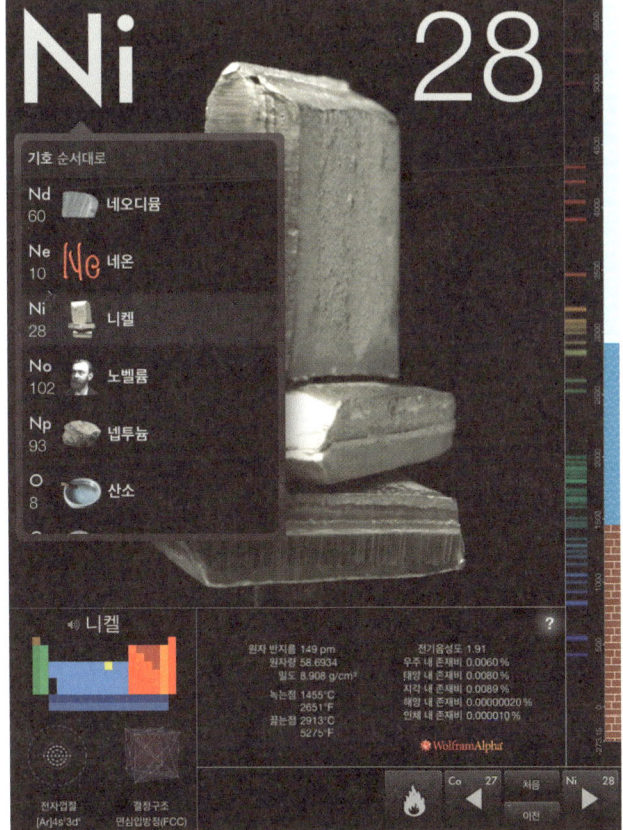

별자리 차트
Star Chart

천체 관측은 천체와 천체의 운행, 변화 등을 관측하는 행위를 말하고, 천체를 관측하는 학문을 천문학이라고 부른다. 천체 관측은 쌍안경이나 작은 망원경을 사용하는 생활 관측부터 천문대의 대구경 망원경, 특수 관측장비를 사용하는 전문 관측에 이르기까지 다양하다.

고대 이집트 문명과 잉카 문명 시대에도 천체 관측은 있었으며, 천체의 운행 시간을 측정하고 계절을 구분해 농경과 일상생활에 필요한 달력을 만들었다. 삼국사기, 신라본기에 따르면 한국 최초의 관측은 박혁거세 9년(기원전 49년) 3월의 혜성 관측이라고 하며, 고려 시대의 천체 관측 기록은 독자적이고 정확하다고 알려졌다.

학교 교육에서 천체 관측은 지구와 우주에 대해 흥미와 호기심을 키우고, 지구과학에 대한 기본 개념을 이해하며, 지구와 우주 현상의 문제 해결에 필요한 과학적 소양을 기르기 위한 목적으로 수업이 진행된다.

별자리 차트는 별자리 관측을 위한 증강현

실AR, Augment Reality 앱이다. 약 12만 개의 남·북반구 천체 이미지와 상세한 설명을 제공하며, 17세기 천문학자Johannes Hevelius의 아름다운 아트워크가 적용된 88개의 성좌와 110개의 메시에 목록Messier Catalogue* 요소가 적용되어 우주선을 타고 태양계 사이를 날아다니면서 별자리를 구경하는 듯한 경험을 할 수 있다.

* 메시에 목록 18세기 후반 메시아가 혜성 발견의 편의를 위해 백수십개의 성단·성운을 기재한 일람표

어스뷰어
Earth Viewer

고등학교 교과목으로 채택되어 있는 지구과학은 지구와 행성, 공간에 대해 연구하는 학문으로 지질학과 지구물리학, 지구화학을 망라한 학문이다. (두산동아)

1억만 년 전의 지구의 대륙과 해양은 어땠을까? 기후의 형성과정을 이해하기 위해서 무엇을 알아야 할까? 비영리 의료조사분석기관 HHMIHoward Hughes Medical Institute가 무료로 제공하는 어스뷰어는 지금까지의 지구과학 분야 연구결과에 기초해 제작되었으며 오래된 지구 역사를 탐험할 수 있는 타임머신과 같은 앱이다.

스크롤을 하면 5억 년 전으로 돌아갈 수 있고, 그린란드나 뉴욕과 같은 랜드마크 지역의 과거를 살펴볼 수 있으며, 시대를 대표하는 화석을 구경하거나 지형을 탐사할 수도 있다. 또한, 수억만 년전 대륙의 형성 과정과 100년 전 온도 지도, 500만 년 전 고대 도시의 위치와 지구 역사상 중요한 지질·생물학적인 사건들을 자세하게 제공한다.

어스뷰어는 줌인·줌아웃으로 연대기를 아주 쉽게 변경할 수 있다. 메뉴를 통해서 화석, 도시, 중요한 사건을 알 수 있고, 차트에서 다양한 연구 정보도 확인할 수 있다.

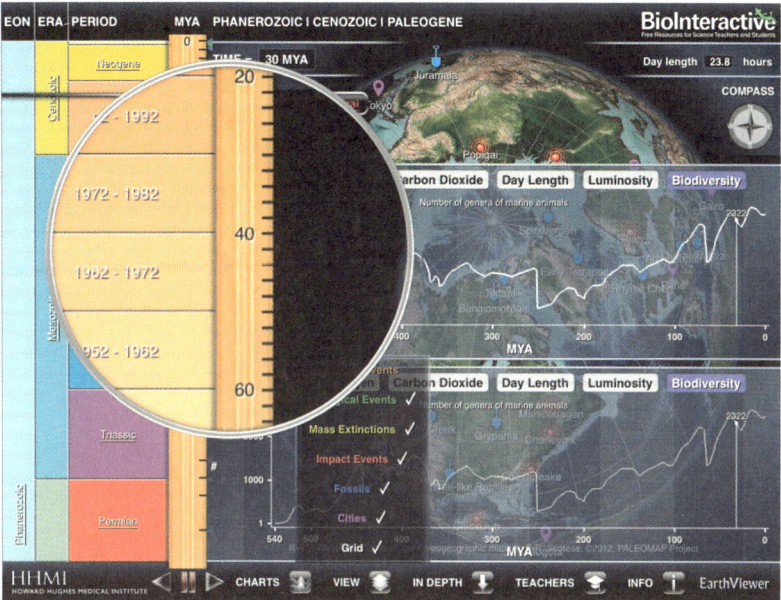
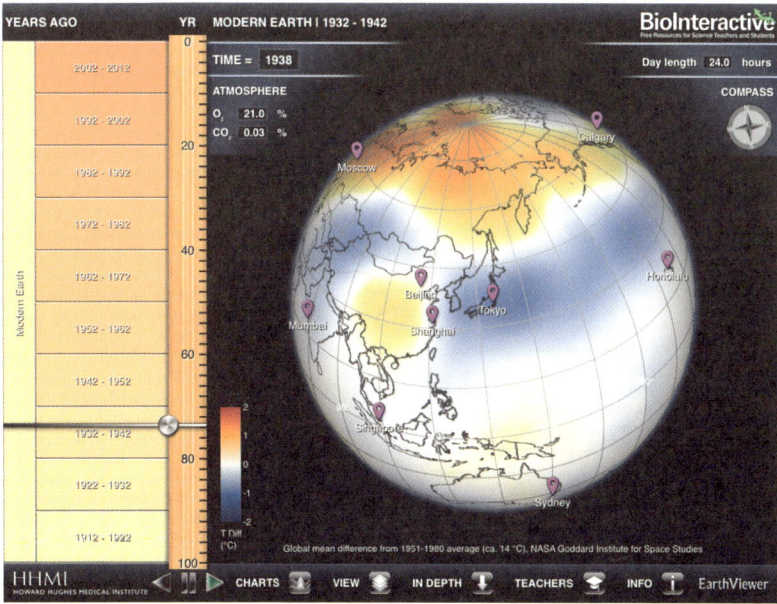

개구리 해부
Frog dissection

개구리 해부는 근육, 뼈, 장기 등을 메스와 기타 장비를 이용해 개구리를 해체·관찰하는 해부학 방법이다. 개구리는 흰쥐와 함께 생물학 실험에 가장 많이 사용되는 실험동물인데 적당한 크기여서 신경계·순환계·근계의 해부학 연구에 많이 사용된다.

개구리 해부는 실제 개구리를 해부하는 것처럼 직접 메스, 가위, 핀셋 등을 선택해 해부 절차에 따라 실험하며 해부 과정은 오디오로 설명한다. 해부한

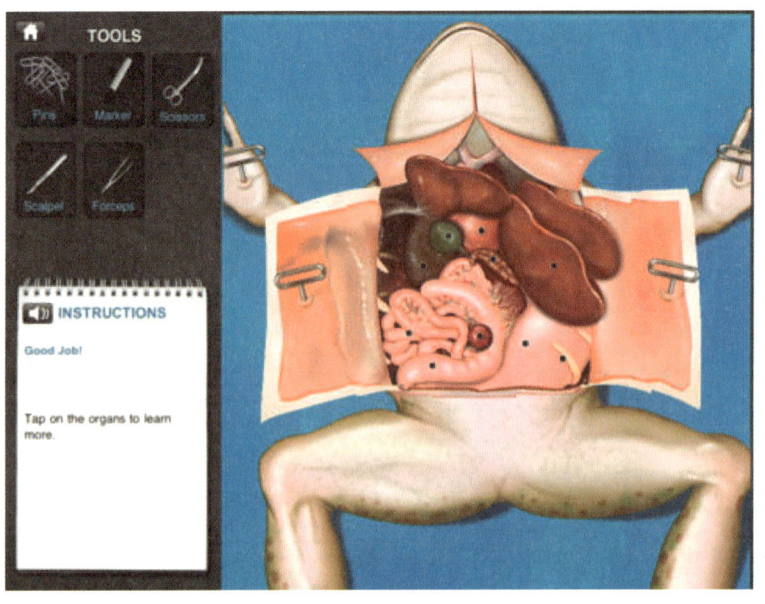

장기는 3D 이미지 형태로도 보여주고, 인간의 장기와 비교·설명히고 장기 특성, 생명주기 등을 자세하게 설명한다.

개구리 해부를 이용하면 살아있는 개구리 해부를 무서워하는 아이도 해부 절차를 따라가며 가상으로 개구리의 장기 구조와 특성을 학습할 수 있다.

개구리 해부는 생물학자·해부학자로 구성된 전문가가 참여해 철저한 콘텐츠 검증을 거쳤으며 학습을 완료하면 퀴즈를 풀어볼 수도 있다.

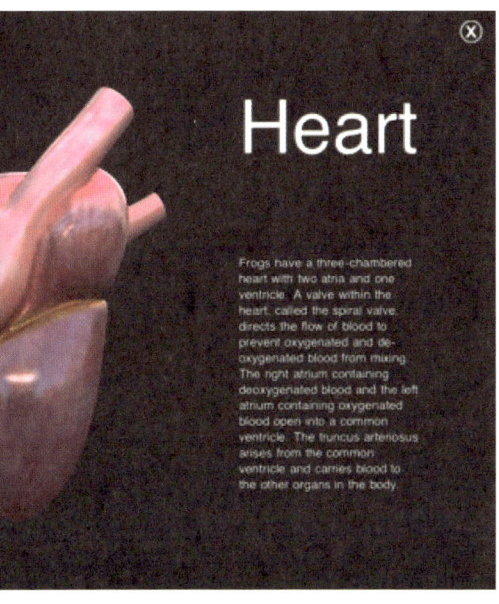
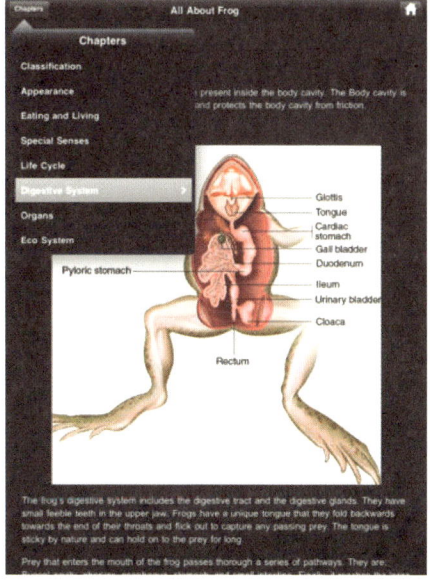

놀라운 인체
My Incredible Body

초등학교 6학년 교육과정 중 '우리 몸의 생김새' 차시에서는 몸속 기관의 구조·명칭·기능을 학습한다. 저학년 때는 위가 영양소를 흡수하는 기능을 하고, 혈액은 심장에서 만들어지며, 폐는 숨 쉬는 곳이다는 기초적인 내용을 배운다. 고학년 때는 인체는 자극을 받아들이고 이 자극에 대해 적절한 반응을 나타내며, 항상성을 유지하기 위해서 감각기관, 신경계, 내분비계가 있으며, 이 기관의 구조와 기능이 인체를 통합적으로 조절하기 위해서 서로 연관되어 있다는 사실을 단계적으로 배운다.

놀라운 인체는 인체에 대한 바른 이해와 건강한 생활에 대한 바른 태도를 갖게 하는 좋은 교육용 도구다. 3D 이미지를 회전하면서 상세하게 생김새를 관찰할 수 있고, 관심 있는 영역을 선택하면 텍스트와 음성 설명이 제공된다.

주변부 장기에 대한 정보와 장기 내부의 모습을 열람할 수 있고, 로켓 모양의 아이콘을 클릭하면 장기에 대한 설명과 시뮬레이션 영상을 볼 수 있다. 이와 함께 놀라운 인체 앱을 활용해 어떻게 아이에게 교육할 것인지에 대한 학부모용 콘텐츠도 제공한다.

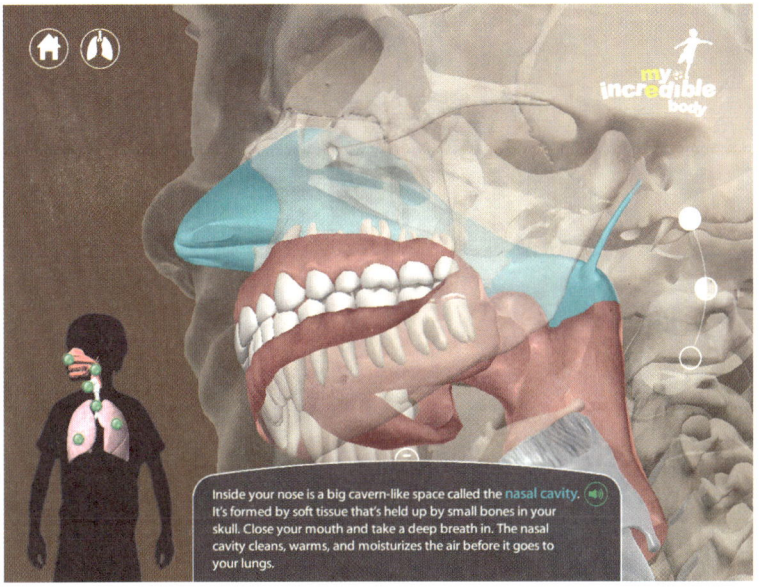

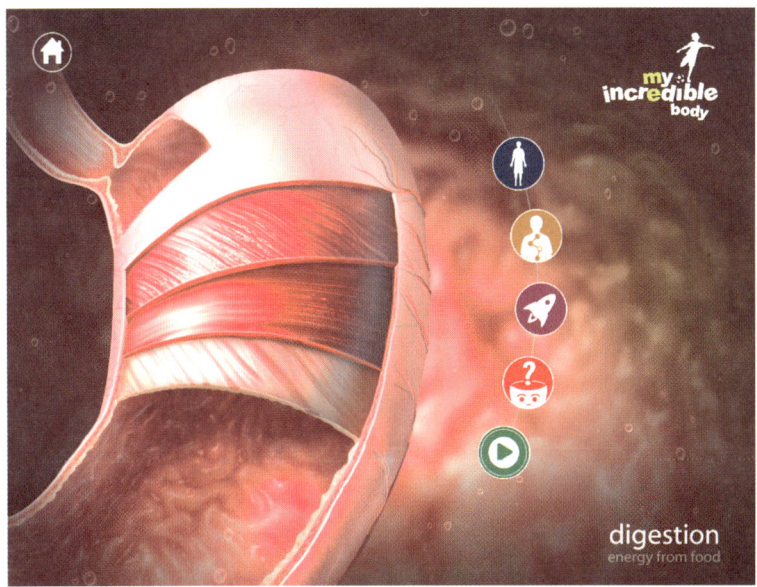

나이키 트레이닝 클럽
Nike Training Club

나이키 트레이닝 클럽은 수년간 나이키 조사팀, 유명한 운동 선수, 나이키 트레이닝 전문가가 참여해 개발한 트레이닝 서비스다. 언제 어디서든지 개인 또는 그룹 트레이닝을 할 수 있는 100개의 운동 프로그램으로 구성되었고, 스케이트보드 금메달리스트 레티샤 부포니Leticia Bufoni, 복싱 월드 챔피언 마를렌 에스파르자Marlen Esparza, US오픈 우승자 미셸 위Michelle Wie 등 세계 최고의 여성 운동 선수 6명이 개발한 타바타 트레이닝 방법을 제공한다. 타바타 트레이닝은 효율적인 운동을 통해 최고의 기량을 발휘하도록 고안된 선수용 순환 운동인데 강도 높은 운동과 휴식을 2:1 비율로 구성한 운동 패턴을 수 회에 걸쳐 반복한다.

나이키 트레이닝 클럽에 포함된 운동 프로그램은 군살 제거, 탄력 강화, 근력 강화, 집중 운동이라는 네 가지 목표를 달성하기 위해 단계별로 구성되어 있다. 각 프로그램은 15분, 30분, 45분 이내에 완성할 수 있도록 개발되었고, 각 단계를 완료하면 소비된 열량을 알려준다.

인스타그램, 페이스북, 트위터에 운동기록을 공유할 수 있고, 운동을 하고 있는 자기 사진에 재미있는 스탬프를 추가해 나이키 스포츠 피드에 게시할 수 있다. 애플 사용자는 에어플레이Airplay나 HDMI 케이블을 사용해 스마트폰뿐만 아니라 TV에서도 나이키 트레이닝 클럽을 사용할 수 있다.

루모시티
Lumosity

속독Fast Reading은 빠르게 정보를 수집하고 정확한 판단을 해야 하는 업무 환경에서는 매우 큰 장점이지만, 깊이 있는 사고 능력을 길러야 하는 아이에게는 해로울 수 있다. 이미 우리 생활 속에 있는 디지털 문화를 거스를 수는 없지만, 주의력 결핍과 과잉 행동장애라는 문제를 겪지 않기 위해서는 집중과 몰입을 위한 훈련이 중요하다.

최근 다양한 디지털 기기의 보급으로 인한 주의력 결핍, 과잉 행동장애와 같은 문제를 극복하기 위해 뇌과학, 신경가소성 이론을 도입한 다양한 두뇌 트레이닝 서비스가 출시되고 있다. 닌텐도 DS는 게임에 뇌과학을 접목한 선도적인 사례이며, 구글 검색도 정보검색에 인지 과학을 적용하고 있다. 이미 오래전부터 페이스북, 아마존도 인간 뇌에 대한 이해를 바탕으로 서비스를 발전시키기 위해 인류학자, 데이터 과학자를 대거 채용하였다.

루모시티는 전 세계 상위 36개 대학의 연구원이 참여해 두뇌 트레이닝과 신경과학 훈련 프로그램을 개발하고 있으며, 현재 180개국 이상 6천 만여 명의 회원이 PC와 모바일 앱을 통해 사용하고 있다.

루모시티는 기억력, 주의력, 유연성, 속도, 문제 해결 능력을 개선하기 위한 두뇌 훈련Brain Fitness을 위해 주기적인 두뇌 훈련 프로그램과 관리 기능을 제공한다. 개인의 훈련 이력은 달력 형식으로 보여주며, 훈련 성과는 두뇌 프로필Brain Profile에서 찾아볼 수 있다.

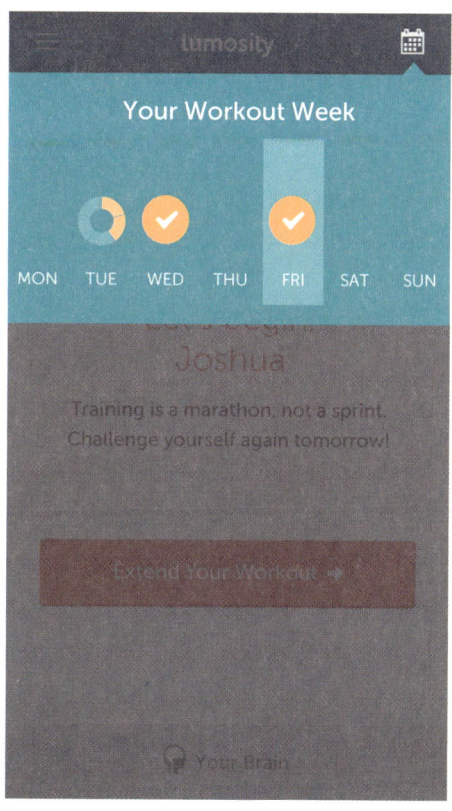

무브
Move

무브는 걷거나 자전거를 탈 때, 달리기할 때 자동으로 움직임을 기록하는 앱이다. 무브를 켜두면 스마트폰이 가방 깊숙이 있어도, 움직인 거리, 기간, 걸음 수, 소모된 열량이 계속 기록된다.

무브는 매일매일 걷기를 도와주는 디지털 만보계의 기능만으로도 만족스러운 앱이다. 비만인 아이가 있다면 만보걷기를 목표로 세우고 무브을 켠 상태로 내보내보자. 아이의 운동 기록을 한눈에 파악할 수 있다. 걷기는 녹색, 뛰기는 보라색, 자전거 타기는 파란색으로 보여주는데 운동량에 따라서 원의 크기가 달라진다.

시간대별 움직인 거리와 운동 유형은 동선이 기록된 지도와 함께 제공된다. 시간대별 움직임이 기록된 영역을 선택하면 해당 지역의 위치 정보와 운동 기록을 상세하게 확인할 수 있고 지역명을 직접 수정할 수도 있다.

아이의 운동량 분석뿐만 아니라 다녀온 곳을 기록해 두고 싶을 때도 유용하다. 다녀온 곳을 지도로 확인할 수 있고, 소셜 미디어로 내보내거나 메일로 공유할 수 있으며, 카메라 롤에 저장할 수도 있다.

체육 | 59

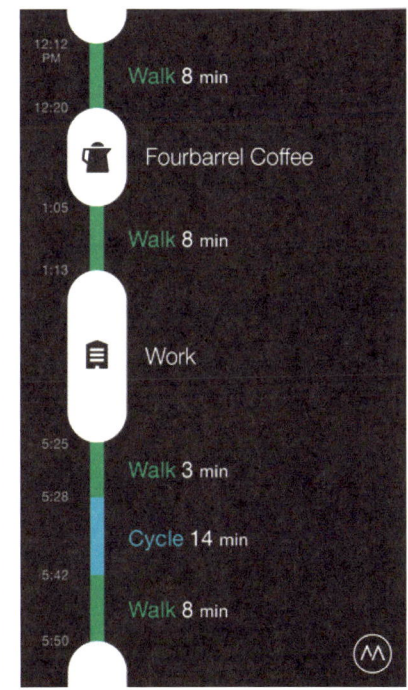
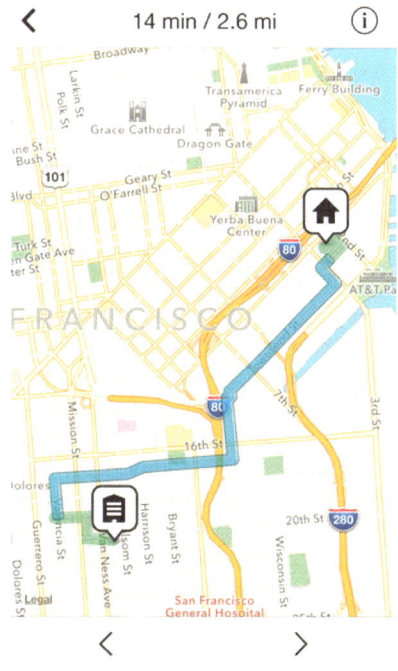

수면주기 측정기
Sleep Cycle

기분 좋은 아침은 수면 시간의 양보다는 수면 깊이와 잠에서 깰 때의 상쾌함과 관계가 있다. 잠을 자는 동안, 수차례 깊고 얕은 수면 상태를 반복하며 자는데, 가벼운 수면 단계로 시작해서 깊은 수면 단계와 렘(REM) 수면 단계를 약 90분 주기로 반복한다.

렘 수면은 깨어 있는 것에 가까운 얕은 수면이며 수면 중에도 눈이 빠르게 운동하는 특징을 보이는 수면의 한 단계이다. 성인의 렘 수면은 일반적으로 총 수면의 약 20~25%에 걸쳐 발생하는데, 이것은 밤 시간 수면의 90~120분에 해당한다. 갓난아이는 총 수면의 80%가 렘 수면이다. 렘 수면 동안 뇌의 신경 활동은 깨어있을 때와 상당히 유사해, 이때 꾸는 꿈은 눈에 보이듯이 선명하게 기억된다.

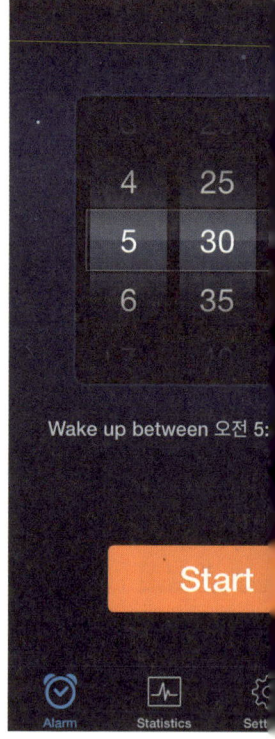

수면주기 측정기는 스마트폰에 내장된 진동을 분석하는 가속도계를 사용해 개인의 수면 패턴을 분석하고, 분석 결과를 토대로 사용자가 설정한 시간 중에서 가장 일어나기 쉬운 렘 수면상태 때 깨워주는 지능형 알람시계 서비스다.

잠자리에 들기 전 침대맡에 두고 수면주기 측정기를 켜두면 아이의 수면 상태를 살펴볼 수 있다. 기분 좋은 기상을 위해 아름다운 선율의 멜로디와 쉽게 잠들도록 도와주는 음향도 제공한다. 아이폰에서 제공하는 건강 기능과 연동하면 수면주기 측정기에서 기록된 수면 분석과 심장 박동률을 건강 관련 앱에서 통합적으로 분석할 수 있다.

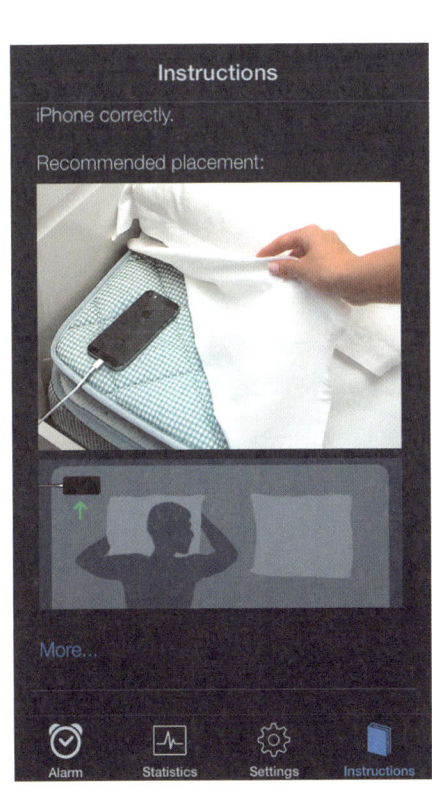
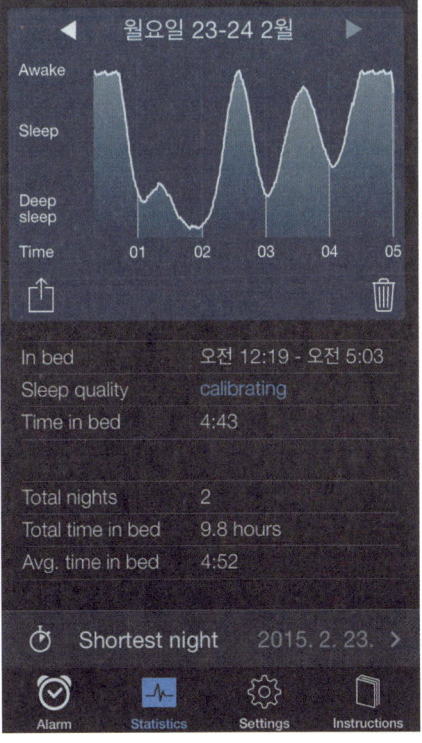

수면주기 측정기 그래프는 다음과 같이 해석할 수 있다.

- 일반적인 수면상태 Regular Sleep 수면 패턴은 약 90분 주기로 구분된다. 깊은 수면에 정점이 많이 있어서 기분 좋은 수면 상태다.

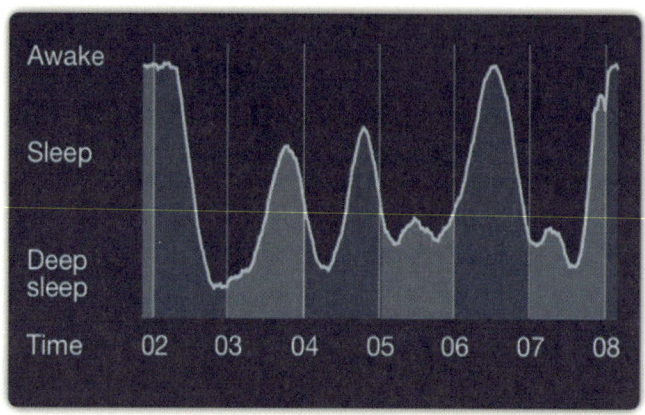

- 일반적이지 않은 수면상태 Irregular Sleep 비정상적인 얕은 수면이다. 2~3시, 6~7시에 얕은 수면 상태가 보이므로 깊은 잠을 취하지 못한 사례다.

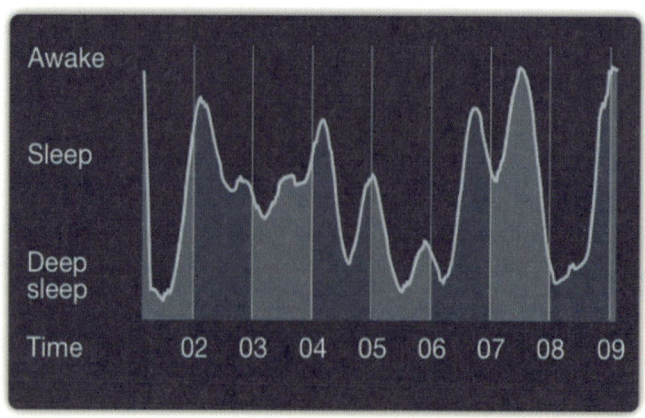

- **수면상태를 추적하지 못한 그래프** Untracked Sleep 스마트폰 가속도계가 제대로 동작하지 못했다는 사실을 나타낸다. 진동을 잡아내기 어려운 위치에 두었을 때, 이런 그래프가 나타나므로 수면주기 측정기의 위치를 옮겨서 제대로 동작이 되는지 점검해야 한다.

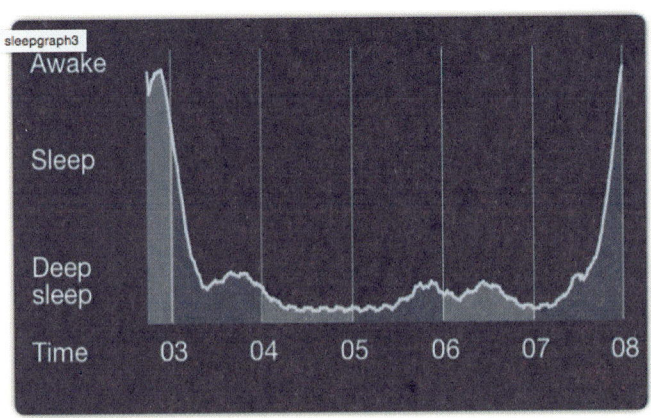

- **방해받은 수면상태** Disturbed Sleep 술을 마시고 난 후에 흔히 볼 수 있는 수면 패턴이다. 빠르게 수면 상태로 들어갈 수는 있으나 알코올의 영향으로 깊은 잠을 취하지 못한 것을 알 수 있다.

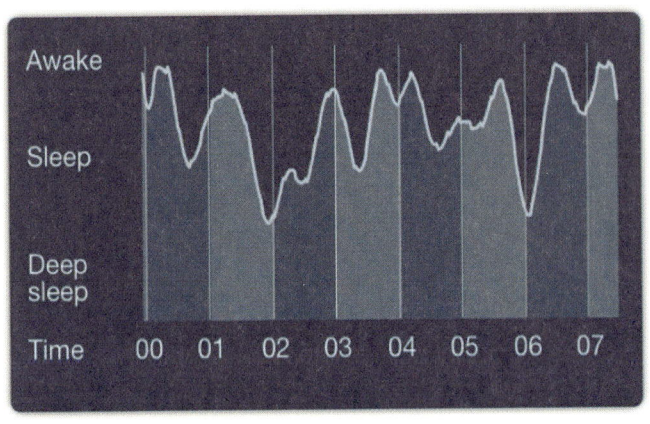

코치의 눈
Coach's Eye

코치의 눈은 필드에 있는 선수의 움직임을 촬영해 기술과 자세에 대한 과학적 분석을 돕는 비디오 캡처 도구다. 비디오 캡처 서비스로 유명한 테크스미스TechSmith에서 개발했으며, 프로 골퍼, 축구 코치 등 전문가도 사용하는 앱이다.

코치의 눈은 스마트폰이나 태블릿으로 녹화할 수 있으며, 다른 장비나 카메라를 통해 녹화된 비디오를 불러와서 활용할 수도 있다. 코치의 눈 앱으로 촬영하면 촬영 예약, 해상도 조정 등 다양한 기능을 사용할 수 있다.

휠을 사용해 프레임을 오가며 녹화된 영상 콘텐츠를 분석할 수 있고, 재생 중에도 보완이 필요한 부분은 간단한 드로잉 기능을 사용해 직접 화면 위에 그릴 수 있다. 드로잉 기능만으로 설명하기 복잡하면 음성으로 녹음할 수 있으며, 두 개의 화면을 동시에 띄워두고 비교·분석할 수도 있다. 드로잉과 음성 리뷰가 있는 비디오 콘텐츠는 운동선수를 위한 학습 콘텐츠로 인기가 높다.

코치와 운동선수 커뮤니티인 'Channels'을 운영하고 있어서 더욱 좋은 자세나 기술에 대한 리뷰를 얻을 수 있는 학습서비스로 발전하고 있다. 햇살 좋은 주말, 아이와 함께 축구를 하거나 보드를 가르칠 예정이라면 코치의 눈으로 좀 더 정확하게 아이의 기술과 자세를 교정해보자.

Compare

Channels
Staff Picks
See All >
Snatch: First Pull
TECHNIQUE WOD
Leaderboard
See All >
Oct 26 2014 - 3:18 PM
iPhone 6 / 6+ short demo of 240 FPS
Latest
Untitled Video
Nov 3 2014 - 8:06 AM

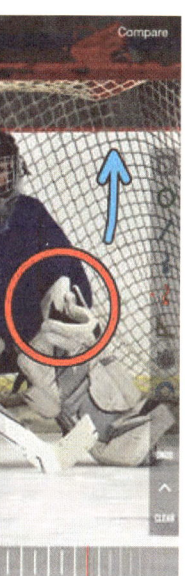

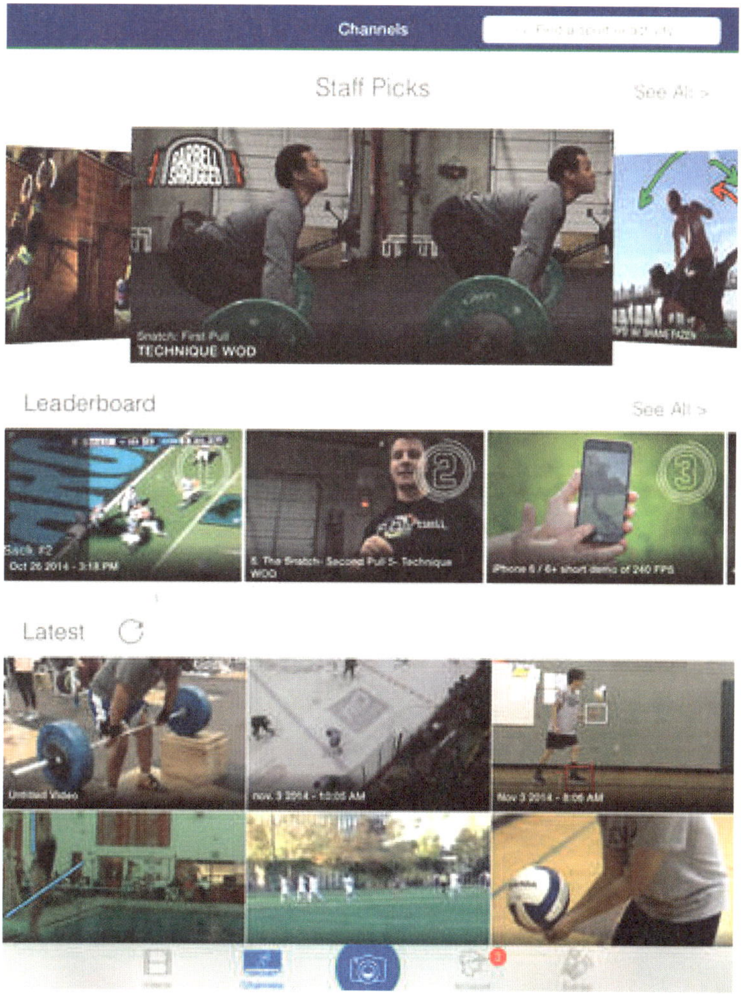

타임라인 한국사

역사 공부는 사회적 경험의 공유를 통해 일체감을 기르고, 민주 사회에 능동적으로 참여하는 사람을 육성하는 데 목적이 있다. 올바른 역사교육은 입시를 목적으로 하는 지식교육이 아닌 역사적 사실에 대한 탐구를 통해 올바른 역사관을 갖게 하는 교육이어야 한다. 또한, 사료나 기존의 역사책을 비판적으로 읽고, 자신의 관점과 해석으로 역사적 사실에 의미를 부여할 수 있어야 한다. (고전혁명, 이지성/황광우)

타임라인 한국사는 역사적 사실을 타임라인 방식으로 제공하고, 오늘의 역사, 타임라인, 임진왜란 등 일부 콘텐츠를 무료로 제공한다. '오늘의 역사'는 오늘 날짜에 일어난 역사적 사건을 한눈에 알 수 있도록 구성하였고, 각 사건에 대한 정보를 더 자세히 알 수 있도록 위키피디아를 연동하였다.

'한국사 연표'는 역사적 사건에 대한 설명, 관련 인물과 유물 사진을 타임라인 방식의 연표와 함께 제공하고 있어서 한 번의 터치로 수백 년을 넘나들며 역사 공부를 할 수 있다. 그 밖에 역사학자가 직접 참여해 개발한 임진왜란, 조선의 왕, 국보이야기 등 주제별로 특화된 콘텐츠를 제공한다. (일부는 유료 제공)

선사 시대

1833년에 프랑스 학자 투르날(Tournal)은 기록이나 고문서가 나오기 이전으로 거슬러 올라가는 인류 역사의 일부 시대를 지칭하기 위하여 "선사 시대(prehistory)"라는 단어를 만들어 냈다. 이에 비하여 **역사 시대**는 문자에 의한 기록이 나타난 이후를 지칭하게 된다.

선사 시대는 현존하는 유물과 유적을 통하여 당시의 모습을 추정할 수 있다. 우리나라의 **선사 시대**는 세계사의 경우와 마찬가지로 구석기 시대와 신석기 시대로 구분된다. 역사가는 남아 있는 유물과 유적을 바탕으로 고고학, 인류학, 지질학, 고생물학 등 인접 학문의 도움을 받아서, 이 시기의 역사를 과학적이고 논리적으로 서술하기도 하고, 역사적 상상력을 바탕으로 추론하여 구성하기도 한다.

단군릉의 전경

피라미드
The Pyramid

영원한 낙원으로 향하는 거대한 장치이자 파라오가 하늘로 올라가기 위해 준비한 계단, 피라미드!

피라미드는 고대 이집트 왕들의 무덤인 피라미드와 그 옆을 지키는 스핑크스가 모여있는 기자 평원을 항공 뷰View로 이리저리 날아다니면서 살펴볼 수 있다. 피라미드 통로를 통해 안으로 들어가면 건축물 사진의 세계적인 권위자 산드로 바이니Sandro Vannini가 제작한 벽화, 파라오 흉상, 각종 고대 유물을 고해상도 3D로 살펴볼 수 있다.

피라미드 내부는 고해상도 사진으로 제공되고, 35개의 디지털로 복원된 벽화를 파노라마 뷰로 제공해, 마치 서서 보는 듯한 착각이 든다. 투탕카멘의 가면과 태양의 보트를 포함한 유물도 3D로 만나볼 수 있다. 상세한 설명을 위해서 이집트 전문학자인 브람 칼코엔Bram Calcoen의 설명이 제공되며, 이집트 분야 세계 최고 고고학 권위자 자히 하와스Zahi Hawass가 전자책 개발에 참여했다.

구글 어스
Google Earth

구글 어스는 내가 살고 있는 지역 사회를 더 잘 알아볼 수 있는 사회교육용 도구면서 지구 반대편의 도시를 마우스 클릭만으로도 구석구석 살펴볼 수 있는 좋은 지리교육용 도구다.

과거, 가상 지구 서비스Virtual Earth는 비싼 사용료와 기술적 한계로 일반인 사용이 제한적이었는데, 최근 IT 기술의 발달로 구글, 마이크로소프트 등 인터넷 서비스 업체가 무료로 사용할 수 있도록 개방하였다. 연구에 따르면 가상 지도를 활용한 수업은 지리 개념을 효과적으로 이해시킬 수 있을 뿐만 아니라 공간적 패턴을 인식·기술·분석하는 경험을 통해 학습자의 공간적 사고 능력을 향상시킬 수 있다고 한다. (Baker & White, 2003)

세계적으로 구글 어스를 사용한 교수학습 계획안이 활발히 공유되고 있고, 지리, 역사, 세계사 등 인문학 수업에도 구글 어스 활용 사례가 증가하고 있다. 이미 국내에서도 구글 어스를 활용한 다양한 수업모델을 연구하고 있다. (이종원, 2012)

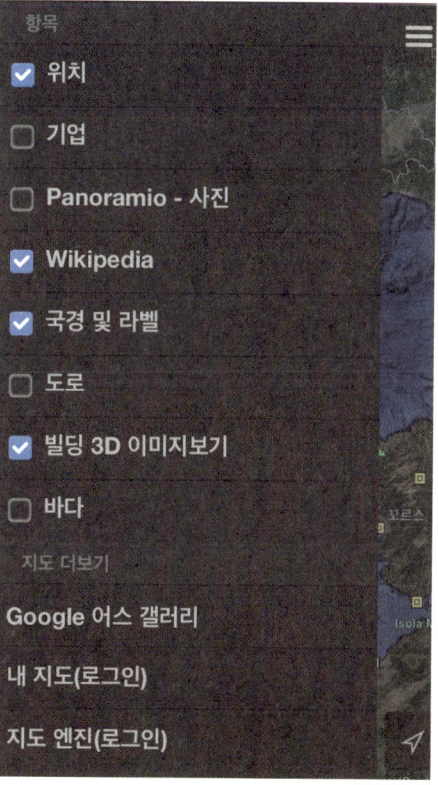

구글 어스 사이트에는 달, 3D 건물, 화성, 스카이, 해양 등 하이라이트를 즐기는 방법에 대한 동영상 매뉴얼이 있다. 이 매뉴얼과 구글 맵 교육 사이트를 이용하면 지리 학습, 프로젝트 기반 학습을 준비하는 교사·학생뿐만 아니라 가정에서도 여행 계획을 세울 때 유용하게 활용할 수 있다.

구글 어스는 PC와 모바일 환경에서 사용할 수 있는데 설치형 구글 어스는 더 많은 기능과 콘텐츠를 제공한다. 구글 어스를 설치한 후 검색 패널과 툴바를 사용하면 위치와 방향을 손쉽게 조작할 수 있고, 검색 패널을 사용해 검색 결과도 관리할 수 있다. 이곳저곳을 돌아다니다가 관심 있는 곳은 위치 패널Places panel을 사용해 저장할 수 있고, 상태 바Status bar: 3D Viewer window에서는 높이, 이미지 데이터, 촬영일시 등을 보여준다. 개요 지도Overview map는 지구 전체를 보여주는데, 이곳에서 사용자의 현재 위치도 확인할 수 있다.

최근에는 비즈니스 용도로 유료 판매했던 구글 어스 프로도 무료로 제공하고 있다.

구글어스 활용사례

- 구글어스, AEJEE, GPS, 지오웹 등 다양한 공간정보기술을 활용한 신재생에너지(풍력발전단지)의 입지 선정
- 실시간 지진데이터를 활용한 지진 발생 지역 분석
- GPS와 경·위도 좌표를 활용한 보물찾기
- 지리정보의 수집과 정보의 시각화를 통한 대형마트의 입지선정 등과 같은 프로젝트 기반의 수업PBL, Project Based Learning

지오캐싱
Geocaching

'지오캐싱'은 지구나 토지를 뜻하는 'Geo'와 은닉처나 귀중품을 뜻하는 'Cache'의 합성어로서 새로운 개념의 이색 레포츠를 말한다. 지오캐싱 활동은 GPS 장비를 활용해 누군가 숨겨놓은 지오캐시(보물)Geocache를 찾고, 로그북(메모장)Logbook에 방문 날짜와 이름을 써넣는 방식으로 진행된다. 지오캐시 좌표는 지오캐싱 사이트geocaching.com에 등록되어 있다. 지오캐시어Geocacher는 지오캐시 상자Container를 찾아서 상자 안의 물건과 교환할 수 있다. 지오캐시를 찾는 과정을 통해 지금까지 무심하게 봐왔던 주변을 다른 관점으로 돌아볼 수 있고, 미션수행 과정을 통해 문제 해결 역량을 키울 수 있다. 2015년 기준, 서울은 702곳의 지오캐시가 등록되었고, 국내에도 지오캐싱 레저 인구가 증가해 지자체도 지오캐시 좌표를 등록하고 있다. **지오캐싱**은 남극 대륙부터 전 세계 200개가 넘는 나라에 130만여 개의 지오캐시 좌표가 등록되어 있으며, 이미 500만 명 이상이 즐기고 있는 레저 활동이다.

교육전문가들은 지오캐싱 활동에 대해 비판적 사고, 문제 해결 능력 향상, 사회에 대한 적극적인 참여를 배울 수 있는

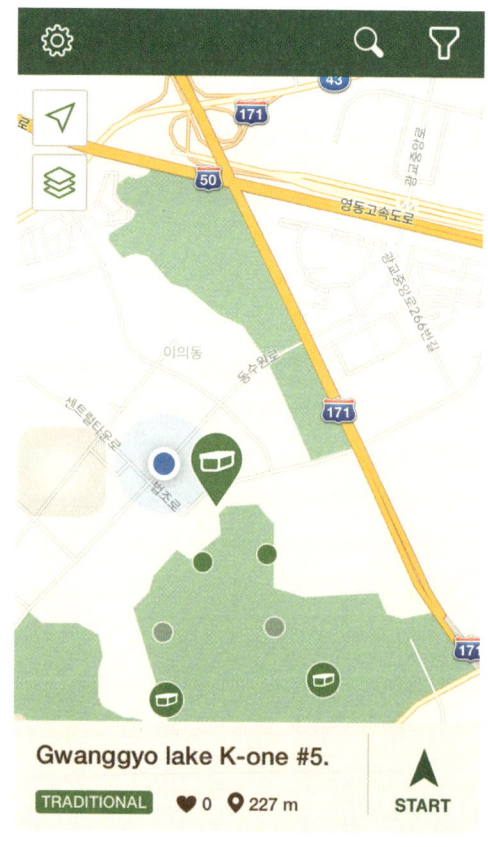

좋은 학습 방법이라고 평가하고 있다.

해외에서는 교육 과정 내에서 지오캐싱을 도입하고 있으며, 체계적인 교육 활용 지원을 위해서 웹사이트 내에서 'Geocaching and Education' 페이지를 운영하고 있다. 이곳에는 지오캐싱을 활용해 수업한 교수학습지도안, 파워포인트, 비디오 등 다양한 자료가 있어서 학부모도 아이와 함께 지오캐싱을 교육적으로 활용할 수 있다.

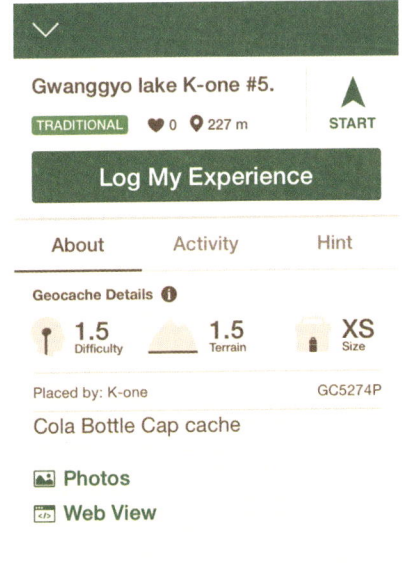 

지오캐싱 동호회에서는 프리미엄 회원을 대상으로 다음과 같이 다양하고 재미있는 캐싱Caching 행사를 개최하고 있다.

- 일반 캐시 기본적인 캐시 유형으로 최소 구성은 상자와 로그북이다. 캐시 페이지에 올려진 좌표에 실제 캐시가 있다.
- 멀티 캐시 멀티캐시는 두 군데 이상 방문해야 찾을 수 있다. 첫 번째 장소에서 발견한 힌트를 이용해야만 실제 상자가 있는 마지막 지오캐시를 찾을 수 있다.
- 미스테리(퍼즐) 캐시 복잡한 퍼즐을 풀어야만 실제 캐시가 있는 좌표를 알 수 있다.
- 이벤트 캐시 지오캐싱에 관한 관심을 유도하기 위해 지오캐싱 조직에 가입한 지오캐시어가 지오캐싱 이벤트를 개최하고 있으며, 캐시 페이지에 있는 좌표는 이벤트가 열리는 장소를 가리킨다.

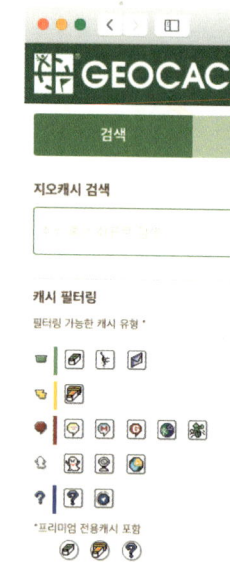

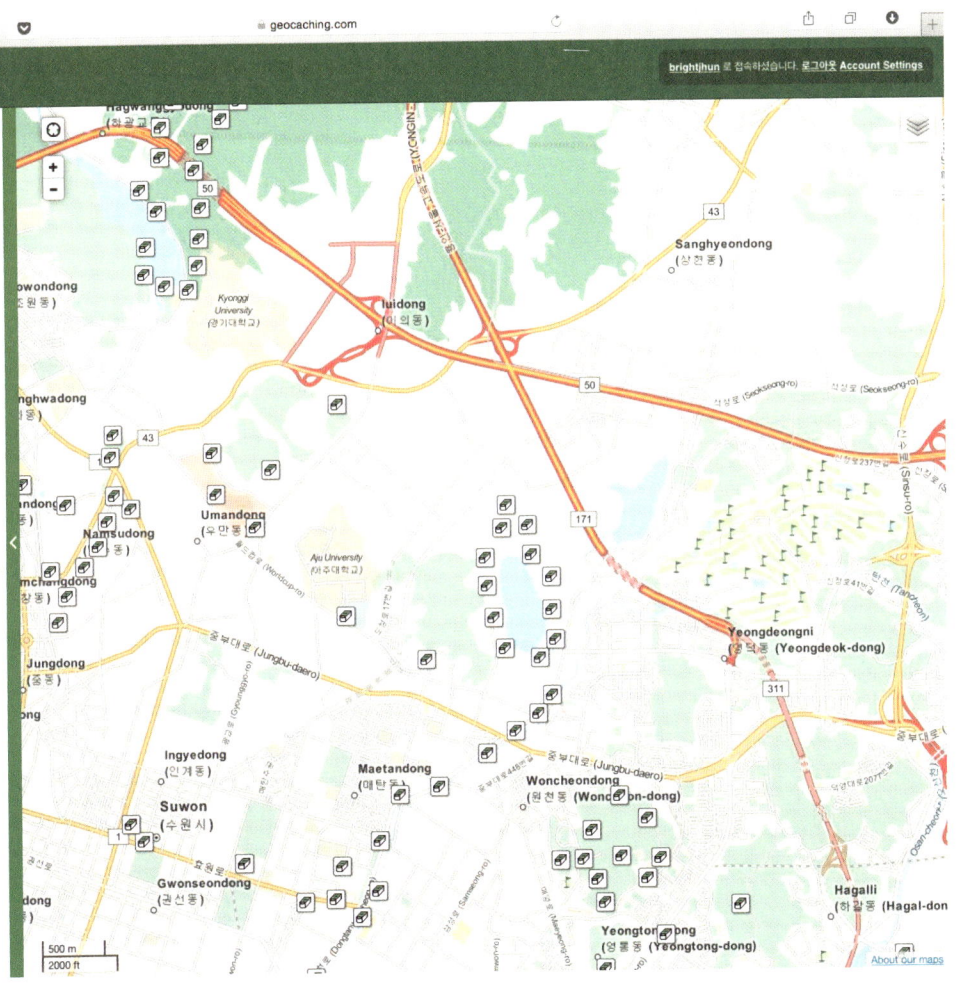

베어풋 월드 아틀라스
Barefoot World Atlas

베어풋 월드 아틀라스는 닉 크레인(글)Nick Crane과 데이비드 딘(일러스트)David Dean이 출판한 유아용 세계 지도책을 활용해 만든 앱이다. 아름다운 일러스트의 지구본 인터페이스와 태블릿 터치 기능을 사용해 세계 여행을 할 수 있으며, 국기, 사진, 전통 음악으로 각 국가를 나타내고 있다.

동물, 문화, 과학, 취미, 랜드마크, 자연경관을 포함한 100여 개의 주제를 다루고 있으며, 울프람 알파(지식검색엔진)Wolfram Alpha의 국가별 날씨, 시간, 평균 탄소 방출량 등 전문 정보도 제공한다.

베어풋 월드 아틀라스는 대륙·도시 퍼즐 풀기, 북미의 역사와 지형, 여행지로 손꼽을 만한 100대 도시와 100여 개의 과거·현재 예술작품이 포함되어 있다. 초등학교 저학년 아이도 쉽고 재미있게 세계 여러 지역의 문화와 역사에 대해 흥미를 높일 수 있는 좋은 서비스다.

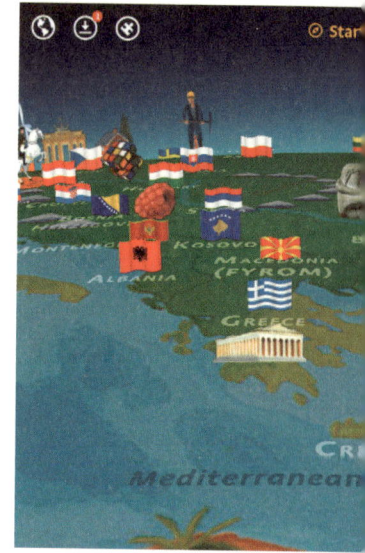

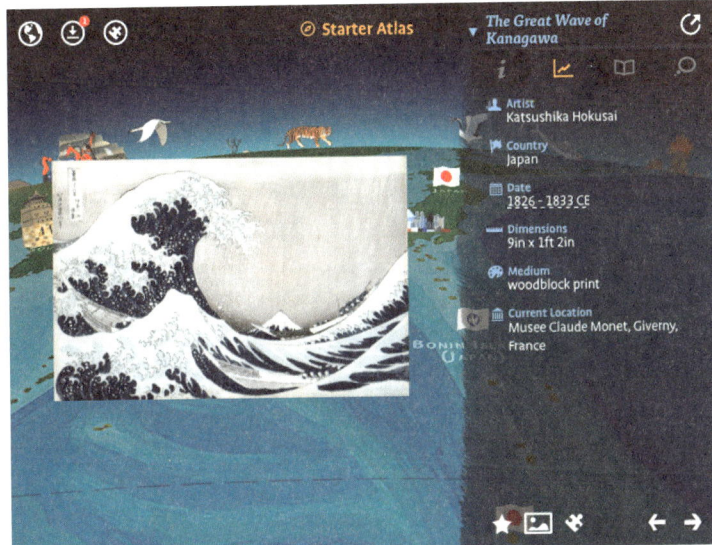

타임라인 미술관

타임라인 미술관은 우리나라 기업이 만든 앱으로서 해외에서 좋은 평가*를 받고 있다. 르네상스 시대부터 현대 미술사까지의 흐름을 타임라인 형식으로 보여주고, 예술가 출생일 기준의 타임라인 뷰와 작품 소개 중심의 콘텐츠 뷰로 구성되어 있다.

1266년 지오토Giotto부터 1960년 바스키스Basquiat까지 예술가에 대한 기본 정보와 설명이 제공되며, 보티첼리, 다빈치, 미켈란젤로, 고흐, 모네, 쿠르베, 클림트 등 거장의 유명 작품과 생애를 감상할 수 있다. 작품 제목, 규격, 완성일, 소장 미술관의 정보가 작품 이미지와 함께 제공되고, 총 80여 명의 예술가와 작품 소개로 구성되어 있다.

스크롤과 썸네일 이미지를 이용하여 보고 싶은 예술가로 이동할 수 있고, 작품에 따라 세로 또는 가로로 감상할 수도 있다.

* 8 Apps That Let You Visit Museums Without Leaving Your Home (맥앤라이프, 2013.9.20)

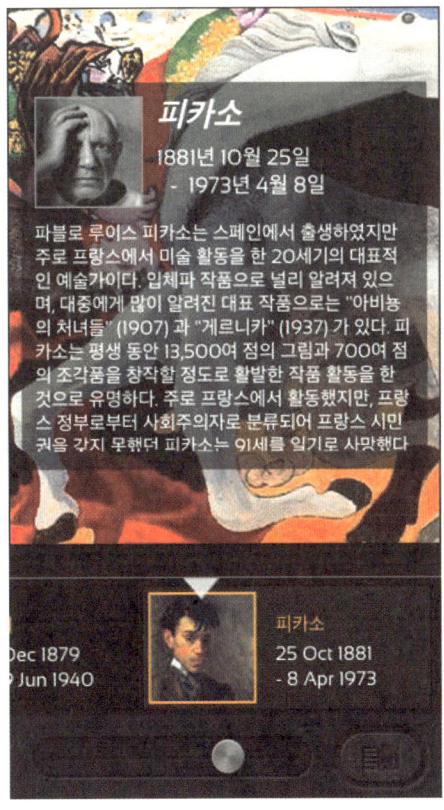

스트립 디자이너
Strip Designer

스트립 디자이너는 사진과 그림을 활용해 만화를 쉽게 만드는 틀과 도구를 제공하는 앱이다. 1~9개의 사진이 들어가는 템플릿 100여 개가 있고, 한 번에 12개의 사진을 넣을 수 있는 틀도 만들 수 있다. 페이스북, 드롭박스, 스마트폰에 저장된 사진이나 그림을 불러와서 만화책을 구성할 수 있다.

문자로 된 풍선을 원하는 위치에 자유자재로 놓을 수 있고, 터치 동작으로 이미지 크기와 회전을 조정할 수 있다. 서체와 색상도 마음대로 설정할 수 있으며, 재미있는 스티커가 많아서 개성 있게 구성할 수 있다.

스트립 디자이너를 사용하면 간단한 네 컷 만화부터 많은 분량의 장편 만화까지 만들 수 있으며, 완성된 만화는 이메일이나 소셜 미디어를 통해 공유하거나 PDF 형식으로 저장할 수 있다.

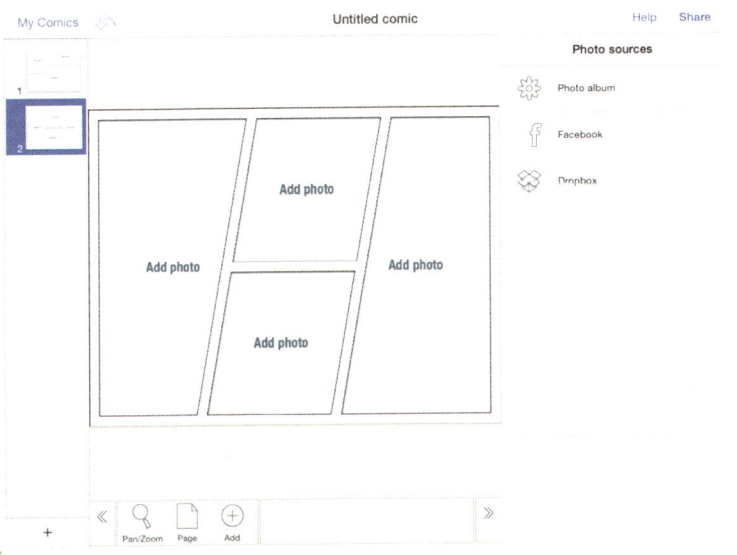

씽! 가라오케
Sing! Karaoke

씽! 가라오케는 스탠퍼드 대학의 음악전공 조교수 거왕Ge Wang이 2008년 설립한 회사인 스뮬Smule에서 만든 소셜 음악 앱이다. 이미 국내에도 에브리씽, 질러팅, 라이브팡팡 등 많은 노래방 앱이 있지만, 씽! 가라오케는 듀엣 모드 Duet Mode라는 특장점을 갖고 있다. 내가 부르고 싶은 노래를 선택한 후, 친구와 같이 부르거나 이어 부를 수 있고, 완성된 노래는 씽! 가라오케 사이트에 등록할 수도 있다. 탑 퍼포먼스Top Performance에 오르면 음원을 구매할 때 사용할 수 있는 무료 쿠폰이 제공된다.

씽! 가라오케는 다양한 음원을 제공한다. 등록된 음원을 구매해 부를 수 있고, 내가 듀엣으로 공개하거나 회원이 올려둔 노래에 듀엣으로 참여할 수도 있다.

업로드한 노래는 전 세계 회원에게 공개되어 평가를 받는 짜릿한 경험을 할 수 있다. 듀엣으로 부른 노래를 선택하면 지구본 화면을 통해서 선택한 곡에 어느 나라 친구가 듀엣으로 참여했는지를 확인할 수 있고, 같이 부른 친구의 노래 실력이 마음에 든다면 칭찬 한마디를 남기거나 즐겨찾기에 등록할 수 있다.

뒤로　　　GANGNAM STYLE

전체 오픈 콜

 bluepickles11 님이 부름·파트 1

　　Wooowwwwww

　　 Gangnam Style
　　bluepickles11

　　🕒 6일 남음　　참여하기: 듀엣

 Blitsy_Wish

　　MINECRAFT STYLE!!!!!!

　　 Gangnam Style
　　Blitsy_Wish + 1

　　🕒 13일 남음　　참여하기: 그룹

 ShaneRiley4 님이 부름·파트 1

　　Lol I hope I didn't say anything that
　　might offend anyone I don't speak
　　Korean sorry haha this was a trip just
　　goofing around baha!

sh1ndy　　+　　carolinemoore748

0회 재생
방금

페이퍼
Paper

페이퍼는 아이부터 어른까지 아이디어, 스케치, 다이어리 등 다양한 용도로 활용할 수 있는 드로잉 앱이다.

버튼과 실행 명령어 없이 직관적인 제스처 기술로 만들어진 페이퍼는 팔레트로 여러 물감을 섞어서 색깔을 만들듯이, 페이퍼의 가상 물감을 선택해 섞으면 원하는 색깔을 만들 수 있다. 누르는 압력에 따라서 붓의 두께가 달라지고, 세밀한 그림을 그릴 때는 두 손가락을 이용해 확대할 수 있어서 상세한 그림을 그릴 수도 있다.

스타일러스 펜과 페이퍼를 함께 사용하면 오프라인 경험이 온라인으로 자연스럽게 연결되는 경험을 할 수 있고, 페이퍼를 통해서 만들어진 창의적인 작품은 소셜 미디어나 이메일을 통해서 친구와 공유할 수 있다.

협력·창작·공유할 수 있는 커뮤니티인 믹스MIX를 활용해보자. 믹스는 학습, 스케치, 놀이, 글쓰기, 디자인, 생각하기라는 큰 주제를 중심으로 카테고리별 커뮤니티 운영자가 주제를 제시하면 사용자가 아이디어를 덧붙여 나가는 커뮤니티 서비스이며, 창작자 코드Creator's Code가 부여된 커뮤니티 운영 지원자에 의해 운영된다.

카테고리별 운영자가 드로잉을 시작하고 공유하면 페이퍼 사용자는 마음에 드는 드로잉에 창의력을 덧붙인 드로잉을 추가해 공유할 수 있다. 이렇게 만들어진 작품은 믹스를 통해 다시 공유할 수 있는데, 이곳에서 전 세계 페이퍼 사용자가 공유한 참신한 아이디어와 창의적인 그림을 만날 수 있다.

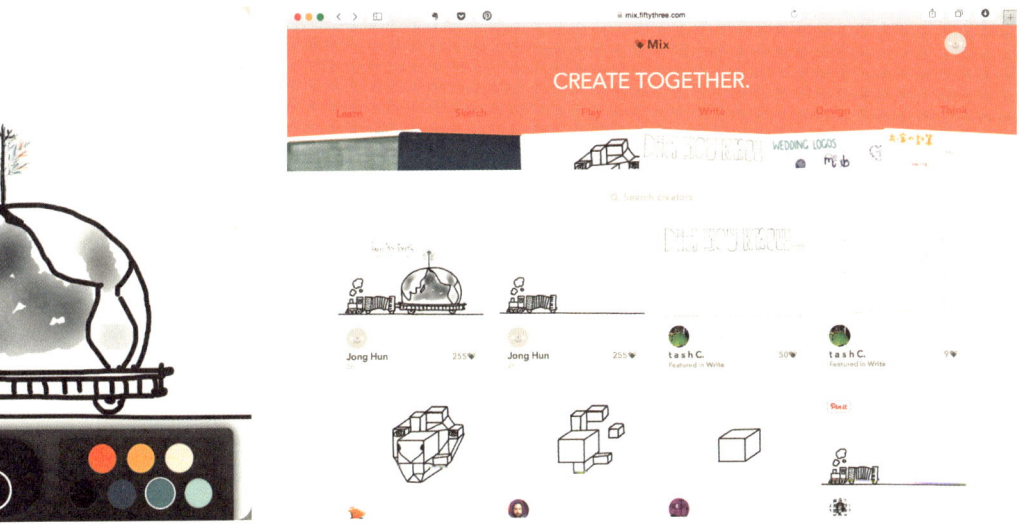

아트시
Artsy

미술계의 구글이라고 불리는 아트시는 사람과 예술을 연결해주고 예술작품의 수집과 미술교육을 위해 2012년에 시작된 무료 온라인 미술 정보서비스다. 아트시는 세계 현대 미술에 관한 정보를 가장 많이 구축하고 있으며, 웹사이트와 스마트폰 앱을 통해 무상으로 미술 교육 콘텐츠를 제공한다. 아트시 사이트와 앱을 활용해 예술과 세상을 연결하고, 관심있는 예술작품을 수집하며, 작품과 작가에 대해서 깊이있게 학습할 수 있다.

아트시는 모든 예술가의 스타일과 기법은 부모이나 스승으로부터 영향을 받는다는 이론을 기반으로 예술 DNA 지도를 그리는 예술 게놈 프로젝트 The Art Genome Project를 시작하였는데, 현재 수천 개의 카테고리에 2천 개의 박물관, 2만 5천여 명의 예술가가 참여해 18만 개 이상의 예술작품이 수집되어 있다.

고해상도 이미지와 편집 가능한 예술작품 콘텐츠를 무료로 제공하고 있는 아트시는 디지털 네이티브를 위한 예술교육의 도구로서 새로운 역할을 할 것으로 기대하고 있다. 그리스 로마부터 17세기 르네상스 시대의 예술, 20세기 바우하우스, 팝아드까지 거의 모든 상르의 예술 작품 DB를 구축한 아트시 프로젝트는 예술과 더 가까워

질 수 있는 기회를 마련하였다.

현재 뉴욕의 일부 고등학교에서는 아트시를 활용해 비주얼아트 교육 훈련을 하는 등 다양한 교육적 활용 사례가 개발되고 있다. 예술 소양을 키워주기 위해 시간을 내서 근처의 미술관을 방문하는 것도 좋지만, 아트시를 통해 예술이 가깝게 있다는 것을 느끼게 해주는 것도 좋은 방법이다.

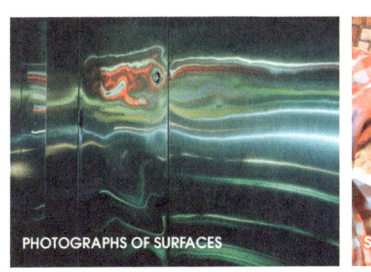

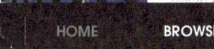

종이접기
Skilled Origami

한국은 토속 신앙용품, 제례용품, 놀이용품, 심지어 집 안의 창호지, 벽지, 장판지까지 종이를 활용하는 생활 문화를 꽃피웠다. 종이접기는 예로부터 전해 내려오는 손놀이 문화로서 놀이 기능과 더불어 문제 해결 과정이 포함된 교육적인 기능도 있다.

종이접기는 색과 형태를 활용해 아름다움을 탐구하는 감각 학습 교재이며, 부모가 직접 만들어 주는 '손으로 만든 장난감', 친구끼리 서로 놀며 가르쳐 주는 '전승놀이'라는 교육적 가치를 가진다. 종이접기는 올바른 순서에 따라 정확히 접어야 하고, 여기에 규칙성, 기하학적 탐구력, 조형감각이 보태지면 훌륭한 결과물을 만들 수 있다. 이런 과정은 아이 두뇌를 발달시키고 창조성을 키워주며, 구조분석, 관찰력, 상상력을 키우는 데 효과적이다.

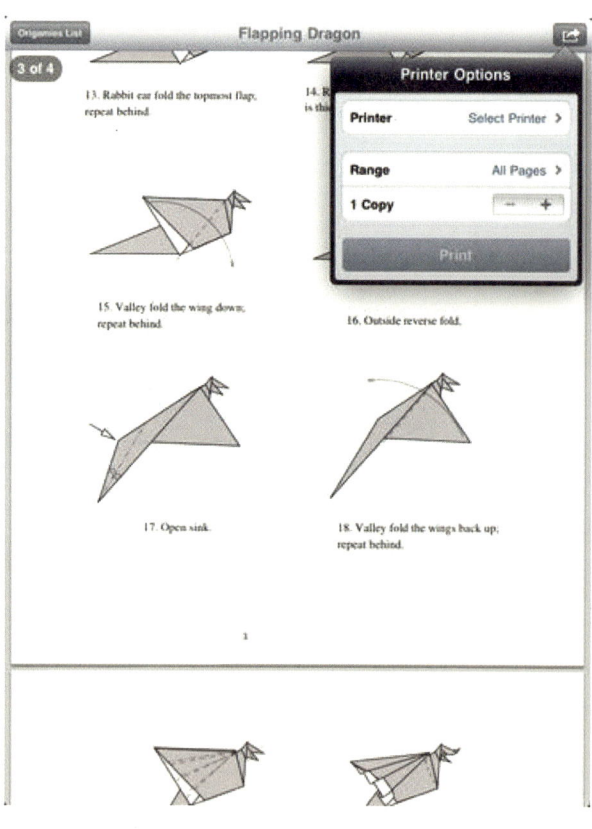

종이접기는 다양한 종이접기 도면이 준비되어 있어서 종이접기할 때 도면의 종류나 순서를 참조할 수 있다.

Origamies

Ballerina
Maarten van Gelder

X-Wing Fighter
Wayne Ko

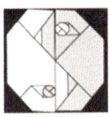
Yin Yang Symbol
Sy Chen

Yuan Bao
Joseph Wu

Yuanbao

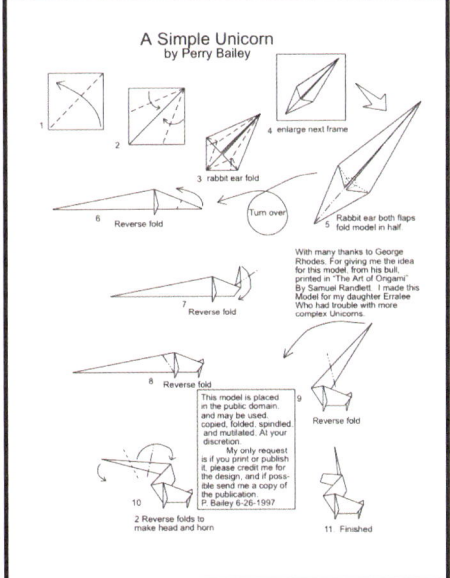

e진로채널

노동 시장의 불확실성으로 인해 더 체계적이며 예측 가능한 방식으로 미래를 설계하려는 욕구가 높아지고 있다. 폭넓은 직업 세계에 대한 지식, 개인 적성에 대한 판단, 사회가 원하는 직업 탐구는 개인의 진로 탐색과 선택을 위한 필수 지식이다. 정부는 진로지도 교육이 교육 체계의 효율화, 노동 시장의 효율성 개선, 사회적 통합 등 국가 정책목표 달성에 이바지할 수 있다고 전망하고 있다.

한국직업능력개발원(커리어넷)은 웹사이트와 모바일 앱을 통해서 직업 경험을 위한 동영상, 진로적성 검사 등 진로지도 교육 서비스를 제공한다. 중고등학생 대상 심리 검사는 직업 적성 검사, 직업 흥미 검사, 직업 가치관 검사, 진로 성숙도 검사를 제공한다. 심리 검사는 인간 내면의 특성인 흥미, 적성, 가치관, 지능 등 행동 특징을 측정하는데 자기 특성을 객관적으로 파악해 적합한 직업과 학과 탐색을 통해 진로 문제를 해결하도록 돕는다. 진로교육 전문가와 상담 신청도 할 수 있으며 다른 학생과 진로 고민을 나누는 공간도 제공하고 있다.

생활취미 | 93

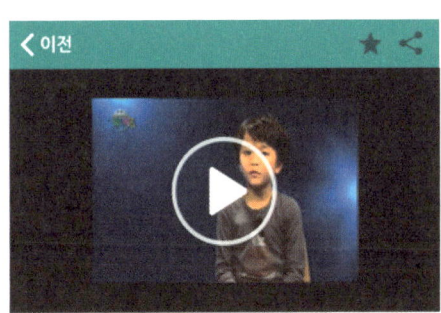

MBC 드림키즈 - 7회 <방송 PD> 편(1)
MBC 드림키즈 - 7회 <방송 PD> 편(1)
문화 · 예술 · 디자인 · 방송 관련직

| 영상 소개

\# 무한도전 NA> (2초 보다가)
   웃음이 필요한 사람들에게
   가슴 뻥- 뚫리는 사원한
   웃음을 전해주고!

- 다큐 사랑 (2초 보다가)
   희망이 필요한 사람들에게
   감동의 메시지를 전하는 작업!
- 드라마 <드림키즈>~~
   오늘의 도전 작업은!

/끝 액션!!

- 오직 뒤로 걸어가는 텔레비전을 통해 매일 오천만 국민에게
   감동을 전하는 방송 PD입니다!

/(김태호 PD 인터뷰)

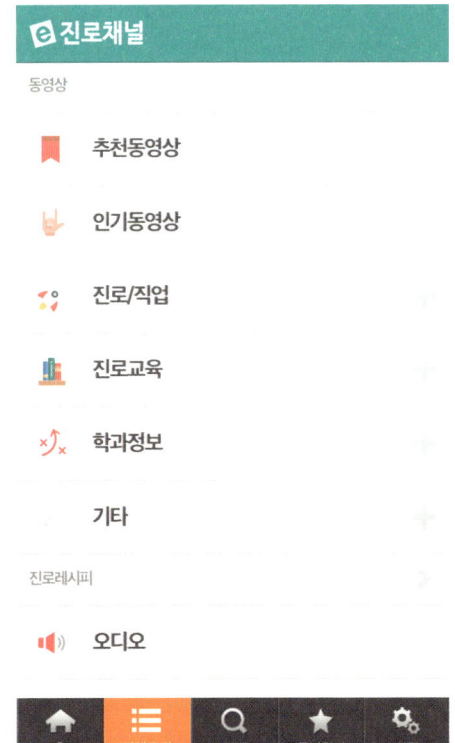

e진로채널는 다양한 직종의 직업인 인터뷰와 생생한 현장 모습을 생동감 있게 제공하는 진로·직업 동영상, 직업의 의미와 가치관 정립에 도움을 주는 진로교육 동영상, 학과정보를 자세하게 다루는 학과정보 동영상 등 교육부와 한국직업능력개발원의 진학·진로·직업에 관한 멀티미디어 정보가 총망라되어 있으며, 부모 진로 팟캐스트인 '진로레시피'와 '드림레터', 전자책 서비스도 제공한다. 진로레시피는 부모와 전문가가 자녀의 진로와 진학에 대해서 고민을 나누는 팟캐스트 방식의 대담 프로이며, 드림레터는 진로지도, 진로상담 사례, 직업, 학과·진로 체험 정보 등 진로에 관한 최신 정보를 뉴스레터 형태로 제공한다.

한국직업능력개발원에서는 진로교육을 위한 통합서비스를 운영하고 있어서 다음과 같은 다양한 모바일 서비스를 이용할 수 있다.

- 맘에 쏙 진로 커리어넷 심리검사 결과 확인, 드림레터, 부모 진로 팟캐스트, 진로 동영상, 전자책 등 부모에게 필요한 길라잡이 콘텐츠 제공
- 커리어넷 미래의 직업 세계 직업 정보와 학과 정보를 제공하고 있으며, 초등학교부터 대학교까지 학교급별 정보 제공
- 커리어넷 상담 다양한 진로 고민과 상담사례 검색
- 커리어넷 검사 청소년용 진로 적성 검사, 직업 흥미 검사(H형·K형), 직업 가치관 검사 및 활동, 진로 성숙도 검사 제공
- 커리어넷 북스·커리어넷 스마트북 진로교육에 관한 다양한 전자책과 초중고용 진로교육 책 제공

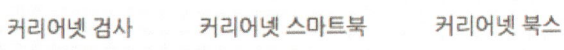

한 멀티미디어 진로정보 총망라!

의적인 진로선택과 올바른 경력 개발을 위해 다양한 진로·직업 교육용 멀티미디어 콘텐

발원이 제공하는 멀티미디어 진로정보를 진로/직업, 진로교육, 학과정보등 주제에 맞게

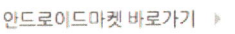

퀴즈업
Quiz Up

퀴즈업은 일반 상식을 다루는 퀴즈 앱이며, 페이스북, 트위트, 구글 플러스 등 소셜 미디어 친구나 퀴즈업 회원과 퀴즈 게임을 즐길 수 있다. 16세기 역사부터 최신 헝거게임 모킹제이Mockingjay까지 7백여 개의 카테고리에서 다양한 주제를 다루고 있으며 2십만여 개의 질문이 등록되어 있다.

퀴즈업은 영화, TV쇼, 리터러시, 음악, 스포츠 게임과 같은 대중문화와 역사, 과학, 지형학에 이르는 학문 영역까지 포괄적인 주제를 다룬다. 엔터테인먼트 기능과 교육 콘텐츠가 조화롭게 만들어진 서비스여서 영어 학습뿐만 아니라 시사 상식을 넓일 수 있는 교육적인 효과도 크다.

'Play'를 누르면 퀴즈업 회원과 무작위로 퀴즈 대결을 펼칠 수 있는데, 대결 기록은 'History'에 저장·기록되고 퀴즈를 풀면서 'Message'를 활용해 상대편과 대화할 수도 있다.

'Achievement'는 퀴즈 풀이를 통해 획득한 내 배지나 수준을 알 수 있다. 퀴즈 배틀은 6개의 문제와 1개의 보너스 문제로 구성되는데 한 판이 끝난 다음에는 재도전할지 아니면 다른 상대와 대결할지를 선택할 수 있다.

이제 퀴즈 하나로도 지구 반대편의 사람과 친구가 될 수 있는 시대다. 퀴즈업에 참여해 퀴즈를 풀다보면 언어 학습에 대한 동기도 얻고 최신 시사 상식도 학습할 수 있다. 두려워 하지 말자. 사전을 찾아가면서 퀴즈를 풀다 보면 부족한 부분이 노출될 것이다. 그럼, 채우면 된다.

생활취미 | 97

브레인팝
BrainPOP Featured Movie

아이튠즈와 구글 플레이에서 꾸준히 상위권을 기록하고 있는 브레인팝은 매일매일 다른 애니메이션과 퀴즈를 제공하는 무료 서비스다. 미국 연방표준 교육과정Common Core Standard에 맞추어 콘텐츠가 제작되어 있으며, 짧은 비디오와 퀴즈로 구성되어서 지루하지 않게 공부할 수 있다.

다양한 주제와 친근한 애니메이션을 활용해 주제별로 학습할 수 있고 자막이 있어서 따라 읽기도 쉽다. 매일 제공되는 콘텐츠 외에 과학, 수학, 사회, 영어, 기술, 예술, 음악, 건강 등 750여 개의 모든 콘텐츠를 사용하기 위해서는 월 구독료를 내야 한다.

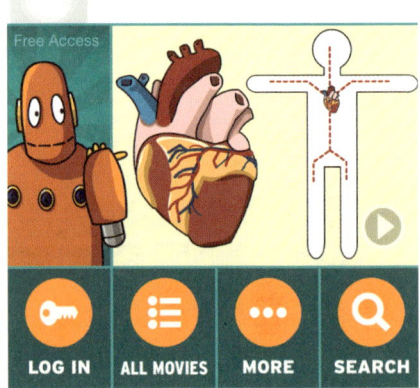

위크온
WeekOn

주말에 어디 갈까? 주말이 가까워지면 못다 한 부모 역할을 하기 위해서 고민이 점점 커진다. 놀러 가더라도 아이 교육에 도움이 될만한 곳이 없는지를 먼저 생각하게 된다. 이때 체험학습 정보 서비스가 유용하다.

체험학습이란 교실을 떠나 자연 현상이나 사회적인 사실이 구체적으로 나타있는 현장에서 답사, 견학, 면접, 조사, 관찰 등 실제 활동을 통한 학습 방법을 말하며, 아이에게 바람직한 생활 태도의 형성과 건전하고 바른 인성과 심성을 가꾸는 데 중요한 교육적 역할을 한다. 주변 문제에 관해 관심과 흥미를 갖게 하며, 교과서에서는 공감할 수 없는 생활 지식을 익혀 실생활에 적용하도록 돕는다.

또한, 자연에 대한 새로운 경험, 사람과 환경 관계에 대한 인식, 마음껏 뛰어놀 수 있는 놀이 공간, 다양한 활동 내용을 통해 자신감, 성취감, 상대방 존중, 공동체 의식, 끈기, 인내, 봉사정신 등 여러 가지 중요한 덕목을 갖추는 데 도움된다.

위크온은 체험학습 포털 커뮤니티이며 3,000여 곳의 체험학습장 정보와 1,500여 개의 체험 프로그램 정보를 제공한다. 이미 3만 명이 넘는 학부모가 체험학습 후기를 등록할 정도로 인기가 높다.

생활취미 | 101

디지털 리터러시를 높이는 앱

검색

·

활용

·

생산/공유

구글 검색
Google Search

전 세계의 웹 문서 검색 결과를 제공하는 구글은 범위와 규모에 있어서 국내 검색엔진과는 큰 차이를 보인다. 국내 검색엔진은 자체 콘텐츠 위주로 검색결과를 제공하고 있어서 전문 자료를 찾는 사람에게는 부족함이 있다. 구글 검색은 웹사이트 링크를 따라다니면서 웹 문서를 모으는 문서 수집기(웹 크롤러)가 추출한 텍스트를 축적해 동작한다. 웹 문서를 대상으로 수집해 데이터베이스를 만들고, 페이지 랭크라는 순위 알고리즘을 적용해 연관성과 신뢰도가 높은 자료를 먼저 검색한다.

우리나라 웹 위주로 검색하고 싶다면, 원하는 검색어를 입력한 후 검색 도구에서 '한국어 웹'을 선택하면 된다. 고급검색은 조건 선택, 특정 단어 포함, 언어, 지역, 날짜 등을 이용해 검색 결과를 좁힐 수도 있다. 예를 들어, 지난 24시간 동안 업데이트된 웹사이트 중 제목에 '닭고기'가 포함된 한글 웹사이트를 검색한다든지 수원 광교호수의 야경 사진을 검색할 수 있다.

구글 검색은 이미지 고급검색을 통해 크기, 가로·세로 비율, 색상, 유형(얼굴, 애니메이션 등), 사이트 또는 도메인, 파일 형식, 세이프서치, 사용 권한 등 전문적인 검색 조건을 제공하고 있다. 이 서비스를 이용하면 비상업적으로 이용할 수 있는 이미지를 찾을 수 있고, 지금으로부터 한 달 이내에 등록된 일러스트레이터로 만들어진 이미지도 쉽게 찾을 수 있다. 좀 더 구체적인 검색결과를 얻고 싶다면 특수문자와 연산자를 사용하면 되는데, 검색엔진마다 차이가 있으므로 도움말을 참고하면 만족스러운 검색결과를 얻을 수 있다.

구글 검색을 교육 목적으로 활용한 사례

이미지 검색 학교 과제에 들어가는 이미지를 인터넷에서 구할 경우, 저작권 문제가 없는 이미지를 찾는 것이 중요하다. 사진 공유서비스인 플리커Flickr, 공공교육서비스인 에듀넷 등에서 찾을 수도 있지만, 구글 이미지 검색을 이용하면 여러 사이트를 돌아다닐 필요가 없다.

구글 이미지 검색에 들어가서 검색어를 입력한 후 검색도구를 선택하면 크기, 색상, 유형, 시간, 사용권한 등 다양한 검색 조건을 이용할 수 있다. 세이프서치를 선택하면 음란물 필터링 기능이 적용되며, 내 검색 이력을 보고 싶을 때는 '기록' 메뉴를 선택하면 된다.

수준별 자료찾기 구글 검색은 검색결과의 정확성을 높이기 위해 체계적으로 수집·분류한 메타데이터 정보를 검색조건에 제공하고 있어서 수준에 맞는 읽기 자료를 찾을 때도 유용하다. 검색 결과에서 검색 도구Search Tools의 '모든 결과'All results를 선택하면 검색 조건이 나타나는데, 이 중에서 '읽기 수준' Reading level을 선택하면 수준별 읽기 자료를 찾을 수 있다.

검색 결과에서 기초Basic, 중급Intermediate, 고급Advanced을 선택하면 수준별 검색 결과로 이동한다. 단, 아직 한글 자료에 대한 검색 결과는 만족할 만한 수준은 아니며, 환경설정의 사용언어를 영어로 설정해야만 읽기 수준 기능을 이용할 수 있다.

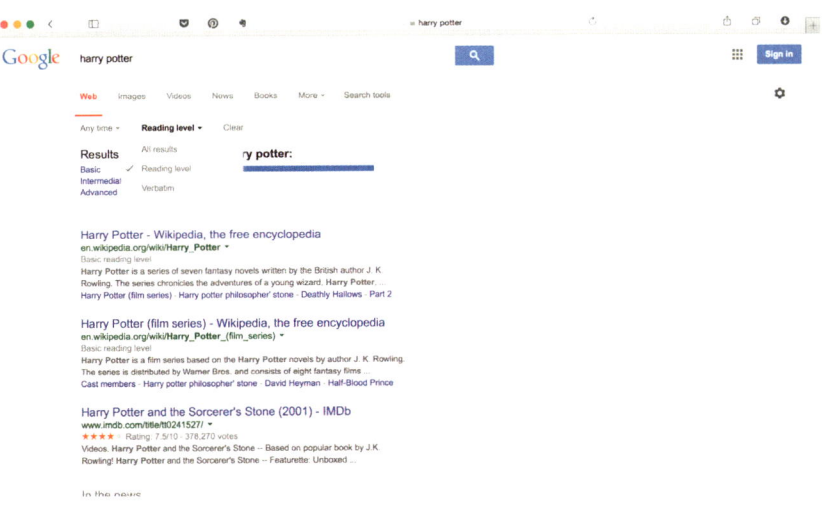

포켓
Pocket

디지털 리터러시는 다양한 디지털 기술을 이용해 효과·비판적으로 정보를 탐색·평가·생산하는 능력을 말한다. 비판적으로 정보를 탐색하기 위해서는 좋은 콘텐츠의 제공처를 찾아내는 것도 중요하지만, 찾은 정보를 수집하고 Information Trapping 찾기 쉽게 보관하는 것도 중요하다.

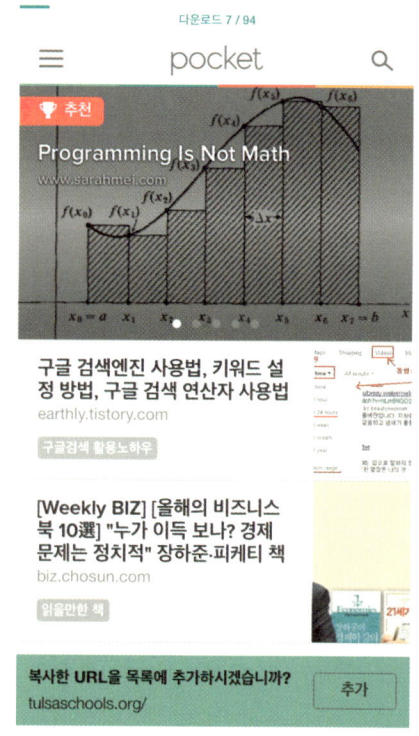

읽고 싶은 콘텐츠이지만 시간이 부족하다면 아주 쉬운 북마크 기능을 제공하는 포켓을 이용해보자. 언제 어떤 기기를 사용하든 한 번만 저장하면 다른 기기에서 쉽게 열람할 수 있고, 5백 개 이상의 외부 서비스와 제휴가 되어 있어서 다른 서비스에 있는 콘텐츠를 포켓으로 쉽게 북마크 해둘 수 있다. '나중에 읽기' 서비스는 인스태퍼Instapper, 리더빌리티Readability 등 다른 앱에도 있지만, 포켓은 모든 매체를 지원하면서도, 무료라는 장점이 있다.

최근에는 클라우드 기반의 문서 도구인 에버노트를 많이 사용하는데, 에버노트와 포켓을 함께 사용해보자. 틈 날 때 포켓에 북마크해 둔 콘텐츠를 읽어본 후, 보존 가치가 있는 콘텐츠를 에버노트에 저장한다면 정보 관리를 더 효율적으로 할 수 있다. 포켓에 저장된 콘텐츠는 웹사이트 www.getpocket.com에서도 이용할 수 있고 맥북 사용자를 위해서 맥용 포켓도 제공하고 있다.

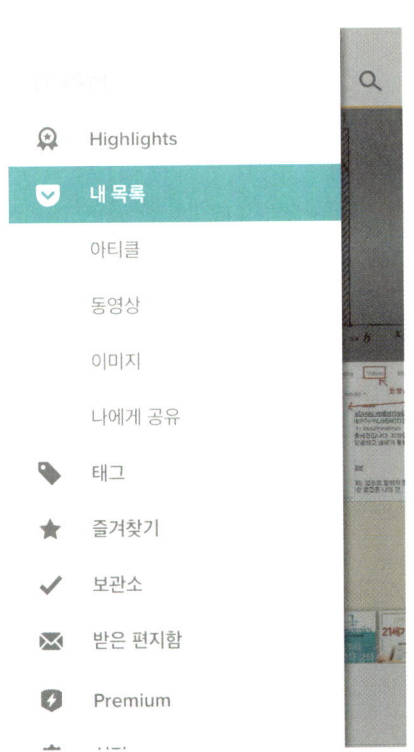

피들리
Feedly

블로그·뉴스·동영상·오디오 서비스 등 콘텐츠 공급자는 전체·요약 정보가 포함된 메타데이터를 표준 피드 형식인 RSSReally Simple Syndication를 통해 제공한다. RSS 피드는 공급자가 콘텐츠를 자동으로 동기화하고, 사용자는 주기적으로 정보를 구독할 수 있게 만들어진 표준 형식이다.

플립보드Flipboard와 함께 많이 사용되는 피들리는 2008년부터 시작한 클라우드 기반의 피드 수집 서비스다. RSS 피드 수집, 읽기, 내보내기, OPML 가져오기 기능을 제공하고, 웹 문서 모드나 본문만 간추린 읽기 모드를 선택해 이용할 수 있다. 모바일 피들리는 콘텐츠를 틈틈이 이용할 때 편리하며, 피들리 사이트는 피드를 등록·관리할 때 유용하다.

피들리 사이트에서 기사를 클릭하면 간략한 미리보기 화면이 나타나고, 'View Website'를 선택하면 기사 제공처로 이동해 콘텐츠를 볼 수 있다. 'Add Content'를 선택

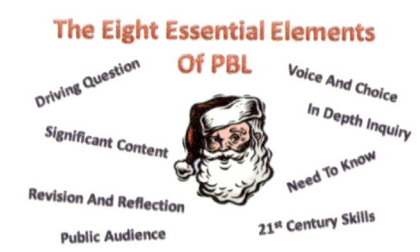

하면 피드 등록 창이 나타난다. RSS 구독을 원하는 웹사이트의 RSS 주소를 복사해 피드 등록 창에 입력하면 피드 등록이 끝난다. 관심 있는 기사는 피들리에 저장한 다음 언제든지 다시 꺼내볼 수 있다. 원노트나 에버노트로 내보내는 기능처럼 일부 기능은 유료로 제공된다.

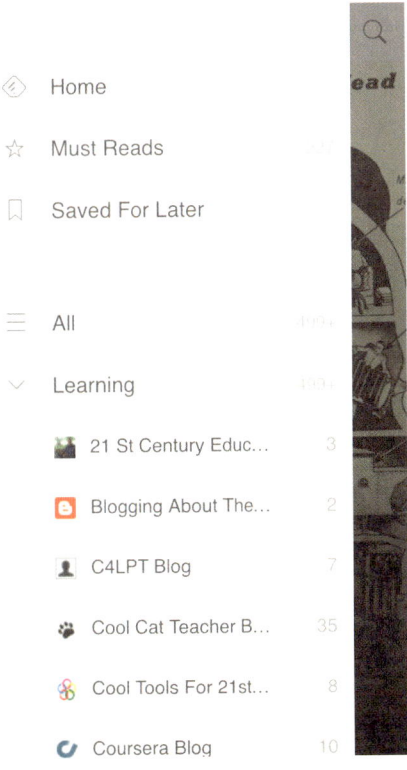

위키백과
Wikipedia

위키백과Wiki百科, 위키피디아는 2001년 지미 웨일스에 의해 만들어졌으며, 모두가 함께 만들어 가며 누구나 자유롭게 쓸 수 있는 인터넷 백과사전이다. 집단 지성의 대표적인 사례로 평가받고 있고, 크리에이티브 커먼즈 저작자표시-동일조건변경허락 3.0 Unported 라이선스로 배포되는 자유 라이선스 콘텐츠여서 비교적 자유롭게 활용할 수 있다.

위키백과는 비영리 단체인 위키미디어 재단에서 운영하고, 2012년 3월 기준 영어판 388만여 개, 한국어판 20만여 개를 비롯해 280여 언어판을 합하면 2,100만여 개의 글이 수록되어 있다.

위키백과는 누구나 편집과 관리에 참여할 수 있는 집단지성적 특성이 있다. 사용자 대부분은 위키백과를 정보 찾기 용도로 이용하고 있지만, 협력 학습이나 프로젝트 학습을 위한 교수학습 도구로 이용할 수도 있다. 협력 학습이나 프로젝트 학습은 참여 학생에게 협업 기회를 제공하고, 온라인 공간에 남긴 협업 결과를 다른 사람이 활용함으로써 사회적 기여에 대한 자긍심을 갖게 한다. 위키백과는 모바일에서도 검색, 북마크, 글쓰기 기능 등을 이용할 수 있다.

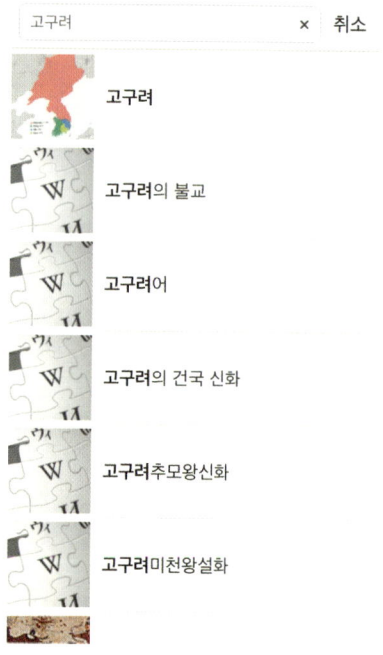

위키백과를 수업용 도구로 활용한다면 다음과 같은 장점이 있다.

- 전 세계 독자에게 설명해야 하므로 과제에 더욱 집중할 수 있다.
- 다른 사용자가 자기 과제에 도움을 주는 것을 경험할 수 있고 과제가 끝난 뒤에도 협업을 계속할 수 있다.
- 사실에 기초한 글쓰기와 해석의 글쓰기 방식이 구별된다는 것을 배울 수 있다.
- 비판적인 생각을 키울 수 있고 그들의 출처에 대해 평가하는 능력을 배양할 수 있다.
- 협업하는 방법을 배울 수 있다.
- 위키백과의 창조적 작업 과정에 대한 통찰을 얻을 수 있으며, 위키백과가 어떤 용도로 사용될 수 있는지 알 수 있다.
- 정보 소비에 그치지 않고 정보 창작을 이해할 수 있다.

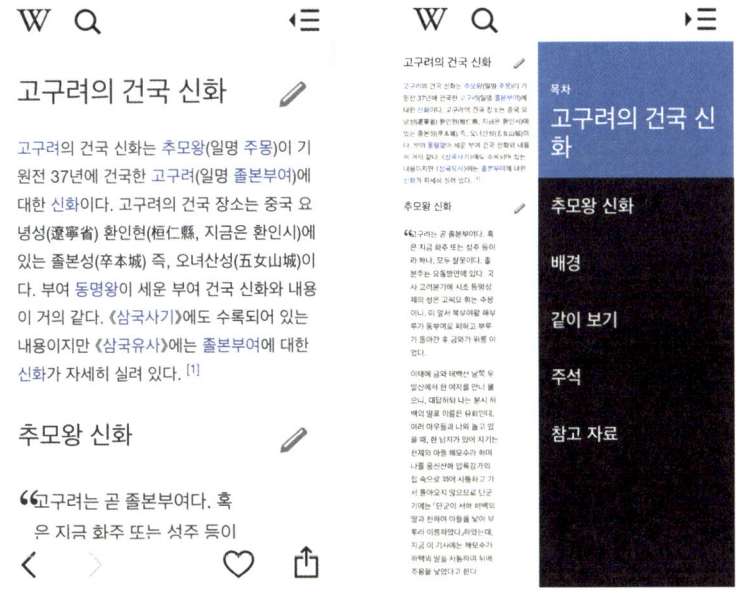

유튜브 교육
Youtube EDU

유튜브는 세계 최대의 무료 동영상 공유서비스다. 2005년 페이팔 직원이었던 3명의 개발자가 시작했고, 2006년 8월 구글이 인수하였다. 우리나라에서는 2008년부터 유튜브 서비스가 시작되었다.

유튜브는 월 1조 명의 순 방문자 수, 6조 시간의 동영상 콘텐츠가 등록되어 있으며, 분당 100시간의 비디오가 지금 이 순간에도 업데이트되고 있다. 유튜브 트래픽의 80%는 미국 이외 지역에서 발생하고 있으며 61개 언어로 제공되는 대표적인 글로벌 서비스다. 유튜브에 등록된 6조 시간의 동영상 콘텐츠 중에는 MOOC Massive Open Online Courseware, TED, EBS 등 방대한 교육용 동영상 자료가 등록되어 있다.

유튜브 교육 채널은 초중고, 대학, 평생학습으로 구분된 등급별 Grade Level 로 콘텐츠를 분류하였다. 이 중에서 초중고 교육 채널은 교육, 과학, 언어, 수학, 역사, 사회, 지형학 등 주제별로 구분해 제공하고 있는데, 교수자와 학습자가 소통할 수 있는 기능을 제공하고 있다.

유튜브 스마트폰용 앱으로 언제 어디서든지 재생목록과 채널을 통해서 학습할 수 있고, 유튜브 캡처 앱으로 동영상 콘텐츠를 쉽게 올릴 수 있다. 2015년 2월 유튜브는 유아 대상 앱인 'Youtube Kids'를 출시하였는데 세서미 스트리트 Sesame Street, 토마스와 친구들 Thomas & Friends, 드림웍스 Dreamworks, 엄마 구스클럽 Mother Goose Club, 투티투 TuTiTu 등 유아 전용 콘텐츠가 추가되었고 부모가 시청 시간을 조정할 수 있는 기능도 포함되었다.

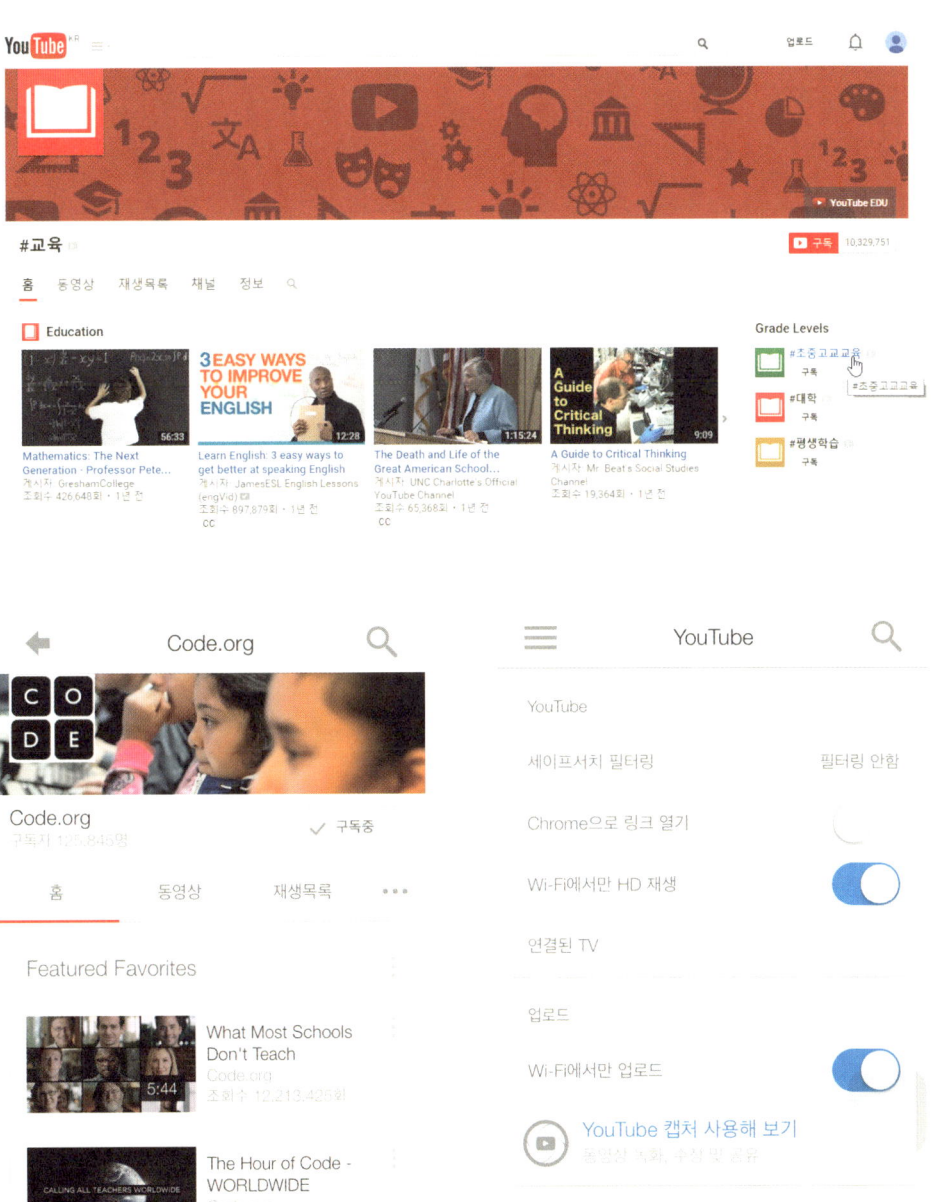

익스플레인 에브리씽
Explain Everything

익스플레인 에브리씽은 화이트보드 형태의 오디오·비디오 스크린 캡처 앱이다. 이미 해외에서 좋은 평가를 받아서 많은 교사와 학생이 활용하고 있으며, KBS 파노라마 '21세기 교육혁명'에서 실험한 '거꾸로교실'Flipped Learning*에서 사전학습 단계의 동영상 제작에 유용한 도구라고 소개하였다.

* **거꾸로교실** 학교에서 수업하고 집에서는 복습하는 기존 학습 방식과 달리 미리 집에서 온라인을 통해 선행학습을 하고 학교에서는 토론, 과제 풀이, 프로젝트 학습을 하는 방식

익스플레인 에브리씽으로 만든 콘텐츠와 실시간 수업 장면은 아이패드의 에어플레이와 애플TV를 이용해 큰 화면으로 복제Mirroring할 수 있다. 드롭박스Dropbox, 구글 드라이브Google Drive, 웹다브WebDav, 유튜브Youtube와 같은 클라우드 서비스와 연결하면 손쉽게 보관·협업할 수 있다. 최근 구글은 교사에게 학습관리시스템인 구글 클래스룸을 무료로 제공하였는데, 이곳에서도 **익스플레인 에브리씽** 형식을 지원하므로 녹화 후 별도의 변환 작업을 하지 않고 바로 활용할 수 있다.

디지털 화이트보드는 화면 녹화 중 밑줄 긋기, 형광펜 칠하기, 비디오·오디오에 설명 추가 기능을 제공하며, 화면을 손쉽게 편집할 수 있다. 녹화가 끝나면 컴퓨터로 옮기지 않고 아이패드나 아이폰에서 직접 편집해 PC나 클라우드 서비스에 저장할 수 있다.

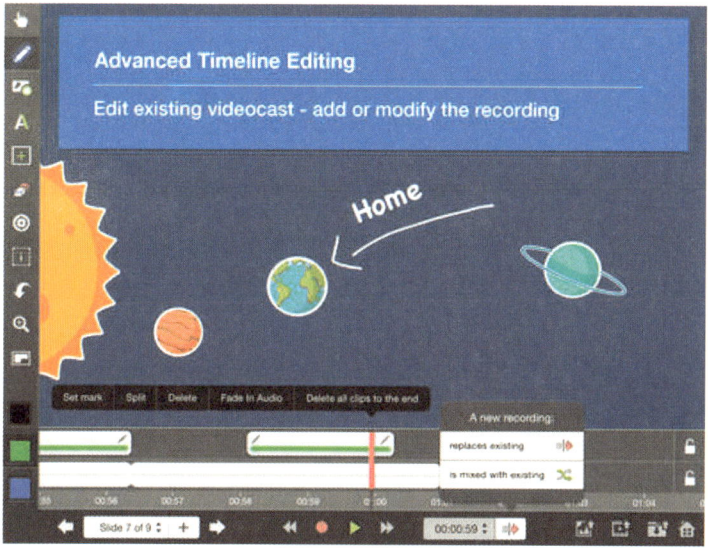

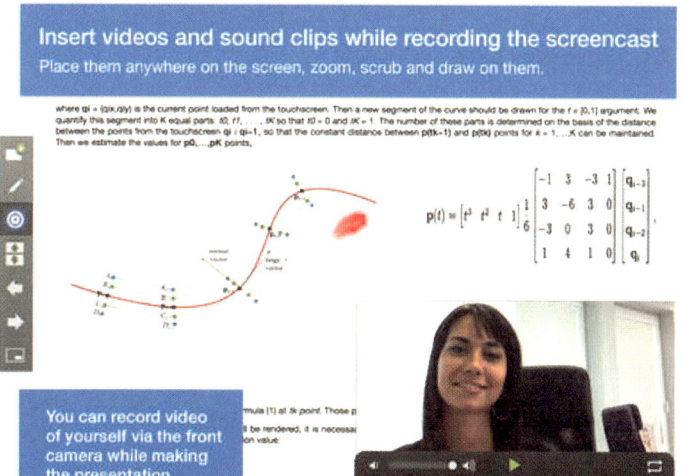

팝렛
Popplet

팝렛은 쉽고 직관적인 마인드 맵핑 도구다. 각종 문서, 사진, 내가 그린 그림을 쉽게 불러올 수 있고, 정보 입력이나 순서 조작이 편리하다. 소셜 미디어나 PC에서 이미지나 동영상을 불러올 수 있고, 프레젠테이션 모드에서는 팝렛의 오브젝트를 확대·축소하면서 발표에 활용할 수도 있다.

공동 작업을 할 때 이메일로 초대할 수 있고, 자기가 만든 콘텐츠를 소셜 미디어에 공유하거나 임베디드 코드를 사용해 자기 블로거나 웹사이트에 게시할 수도 있다.

팝렛은 직관적이고 친근해서 초중학생에게 인기 있다. 브레인스토밍이나 마인드맵을 위한 노트, 스크랩 북이나 여행 계획처럼 버킷리스트 Bucket List를 모아 두는 수첩, 프레젠테이션을 모아 두는 갤러리로 팝렛을 활용해보자.

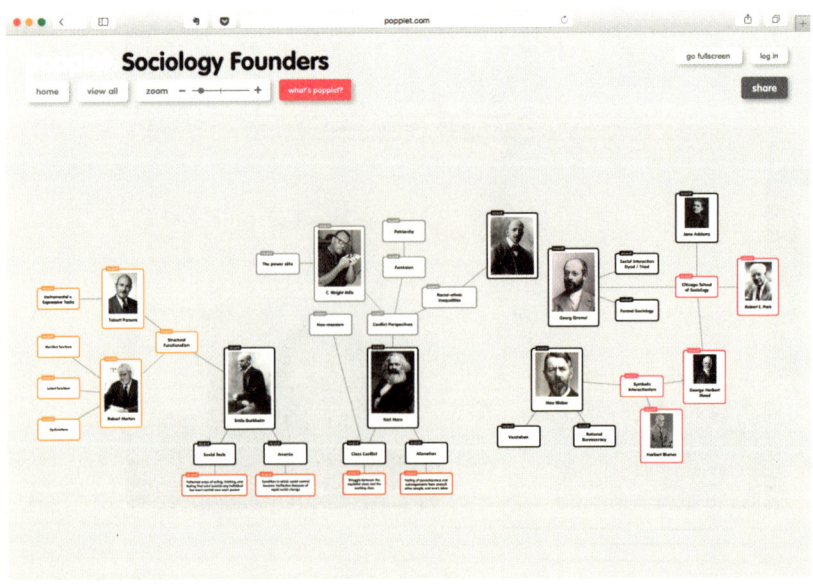

활용 | 119

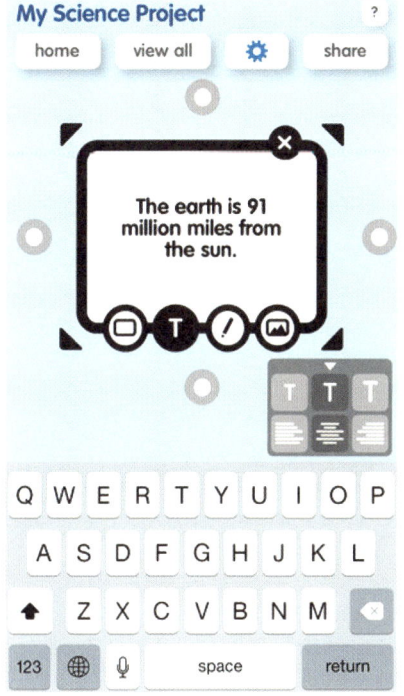 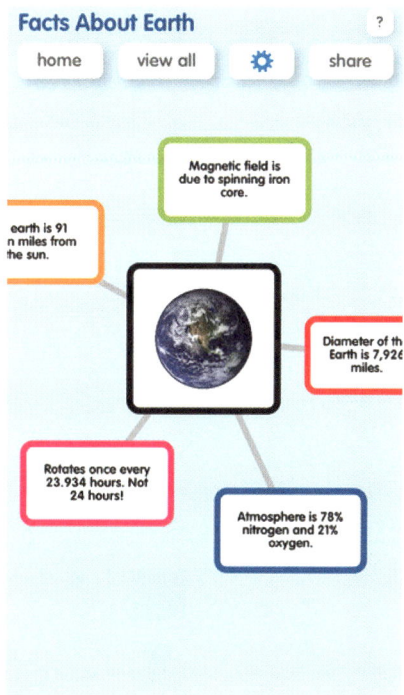

에버노트
Evernote

2013년 교육부 통계에 따르면 80% 이상의 중학생이 스마트폰을 가지고 있고, 수업시간에 다양한 ICT 도구를 교수학습용으로 활용하고 있다. 빠르게 변화하는 기술환경을 고려할 때 단순히 문서 작성을 가르치는 것보다는 디지털 리터러시 강화에 필요한 조사 방법과 자료 관리에 대한 교육이 더 중요하다.

에버노트는 노트, 노트북, 태그를 사용해 정보를 체계적으로 저장·관리할 수 있고, 다양한 기기를 지원해 스마트한 학습을 지원한다. 노트 캡처, 연구자료 저장, 프로젝트 협업, 화이트보드에 그린 아이디어 맵을 사진으로 저

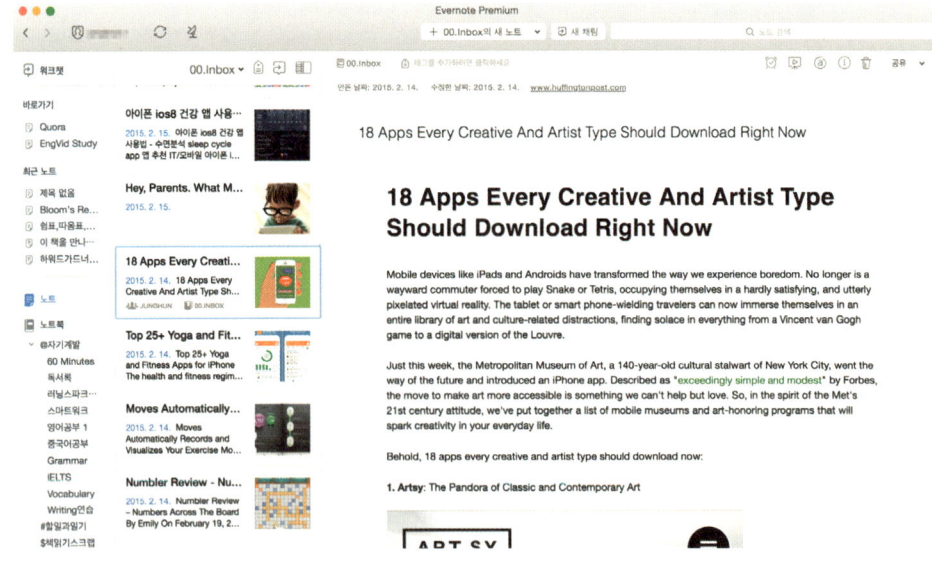

장, 오디오 녹음 등 다양한 기능을 교수학습 과정에 활용할 수 있다.
토론·협력학습을 많이 하고 있는 영미권 나라에서 독서교육, 팀 프로젝트, 포트폴리오에 에버노트가 많이 활용되고 있다.

에버노트는 바쁜 맞벌이 부부가 자녀의 학습 과정에 참여하는 방법으로도 유용하다. 독서록이나 방과후숙제를 사진으로 찍어서 에버노트에 등록하고 워크챗 기능을 이용해 부모와 공유하면 바쁜 직장생활 틈틈이 아이의 학습 과정에 참여할 수 있다.

에버노트의 교육적 기능

- **수업 자료의 조직화·구조화** 어떤 종류의 파일도 쉽게 저장할 수 있고 언제 어디서든지 쉽게 활용할 수 있다.
- **수업 시간에 작성된 칠판·화이트 보드의 기록 캡처** 판서, 브레인스토밍, 프레젠테이션 내용을 사진으로 찍어서 저장할 수 있다. 저장된 사진 자료는 손글씨도 인식하므로 이미지 검색으로 찾을 수 있다.
- **노출설정 변경** 알람 설정이나 바로가기로 등록하면 알리미 위치에 노출되어 쉽게 확인할 수 있다.
- **오프라인 활용** 등록된 노트북은 오프라인에서도 접근할 수 있어서 여행 중이나 스마트폰을 사용할 때 유용하다.

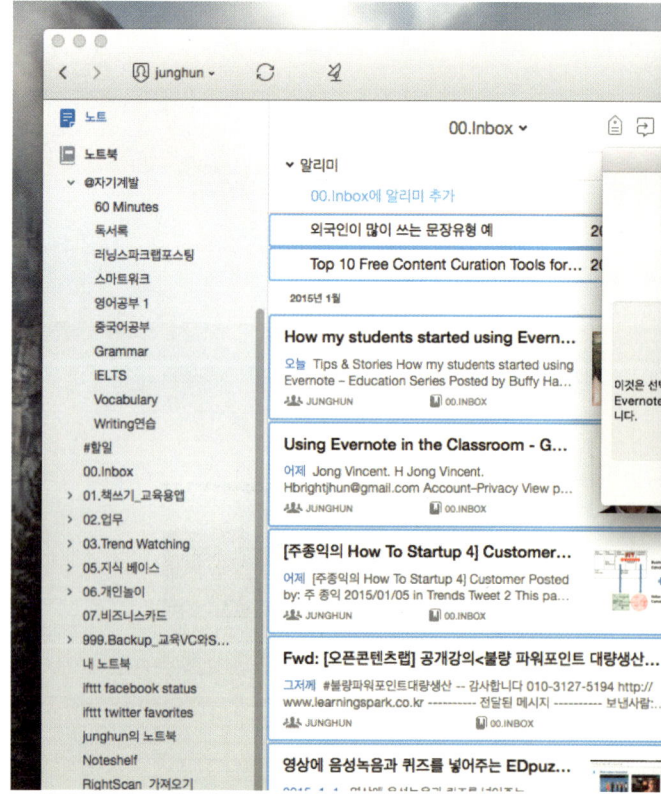

- 정보 수집(웹 클리핑) 기사, 이미지, 선택 영역 등 웹 클리퍼를 사용해 쉽게 캡처할 수 있다. 팀 프로젝트, 교수설계, 교사 전문성 개발을 위한 연구나 자료조사에 유용하다.
- 노트·목록 생성 중요한 노트나 목록은 에버노트에서 내 컴퓨터로 가져오거나 보관할 수 있다.
- 보안 설정 iOS, 안드로이드, 윈도우폰 사용자는 추가적인 보안 설정을 통해서 에버노트를 더 안전하게 관리할 수 있다. 에버노트 프리미엄에서 제공하는 암호 잠금 기능은 4자리 수의 PIN을 입력하도록 해 휴대폰이나 태블릿의 에버노트에 대한 접근을 차단할 수 있다.
- 노트 이력 접근 과거의 노트 이력을 개인 계정에서 확인할 수 있어서 팀 프로젝트를 할 때 버전 관리에 유용하다.

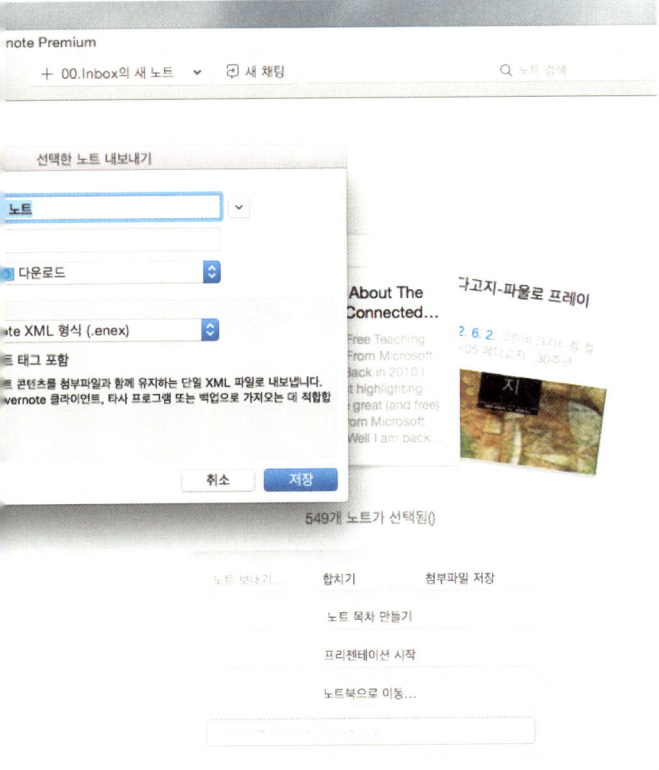

원노트
Onenote

원노트는 마이크로소프트Microsoft에서 제공하는 노트 작성Note Taking 도구다. 마이크로소프트 워드, 파워포인트 등 평소 사용하는 문서작성 도구와 화면 구조가 유사해 초보자도 부담 없이 사용할 수 있다. 인터넷 정보, 각종 문서, 수업 시간에 찍은 칠판 사진 등을 손쉽게 저장할 수 있고, 저장된 콘텐츠는 탭Tab과 페이지Page를 사용해 내가 필요한 형태로 문서를 만들 수 있다. 태블릿 PC용 원노트에서는 스타일러스 펜으로 문서를 작성할 수 있다. 위치에 상관없이 문서 작성이나 그림 삽입이 가능하고, 친구를 공유하거나 초대

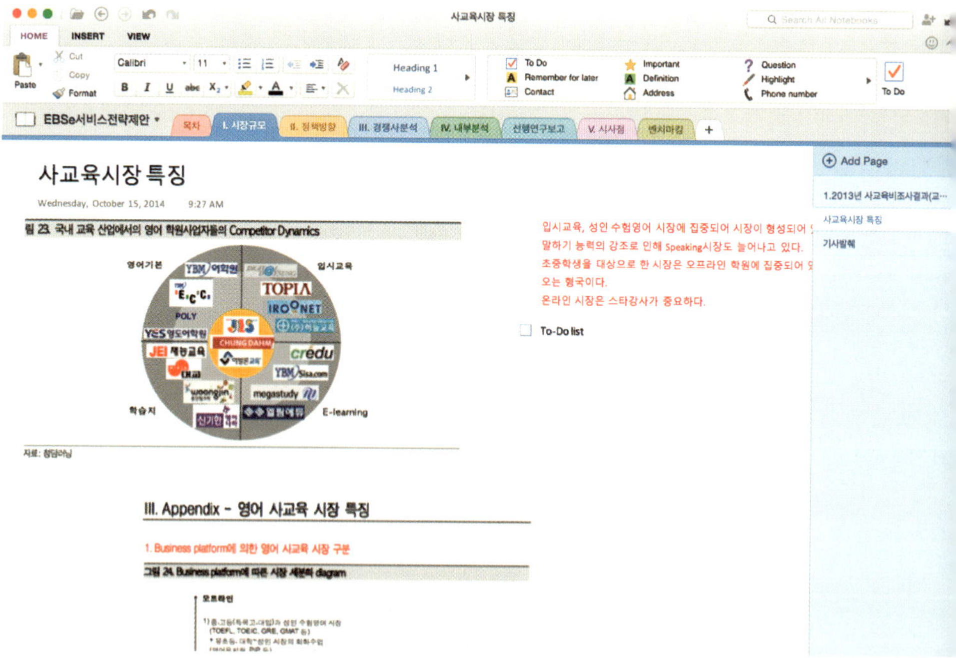

해 공동 작업도 할 수 있다. 협업 기능은 실시간 공동 작업을 할 때 콘텐츠의 수정 여부가 기록되어 누가 어떤 작업을 했는지 쉽게 파악할 수 있으며, 오프라인으로 전환되더라도 자동으로 동기화된다.

원노트는 에버노트와 마찬가지로 PC, 태블릿, 스마트폰 어떤 기기로도 웹페이지 캡처, 형광펜 표시, 스타일러스 펜 사용, 스티커 노트를 활용해 생각을 정리할 수 있다.

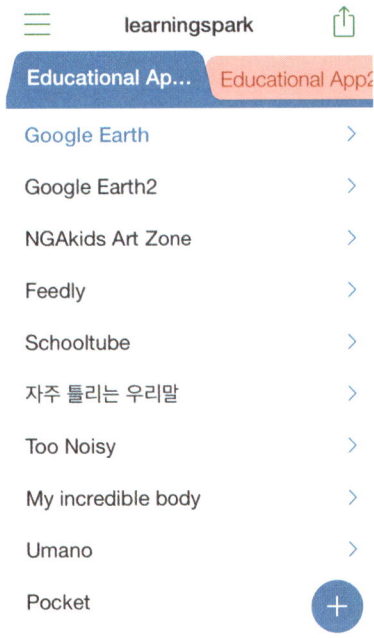
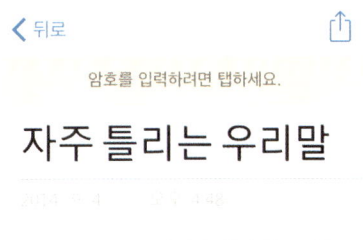

노트어빌리티
Notability

노트어빌리티는 문서에 주석을 달고, 머릿속 아이디어를 묘사하며, 강의 내용을 기록하는 노트필기 앱이다. 오디오 메모, 형광펜, 포스트잇 기능 등 다양한 주석 기능을 제공하며, 노트를 작성할 때 타이핑, 손글씨, 사진 결합을 자유자재로 할 수 있어서 자기 목적과 용도에 맞는 맞춤형 노트를 만들 수 있다.

노트어빌리티는 마이크로소프트 워드처럼 고급 기능은 없지만, 문서 작성에 필요한 기본 기능을 제공하고 있어서 문서 작성에 불편함은 없다. 판서

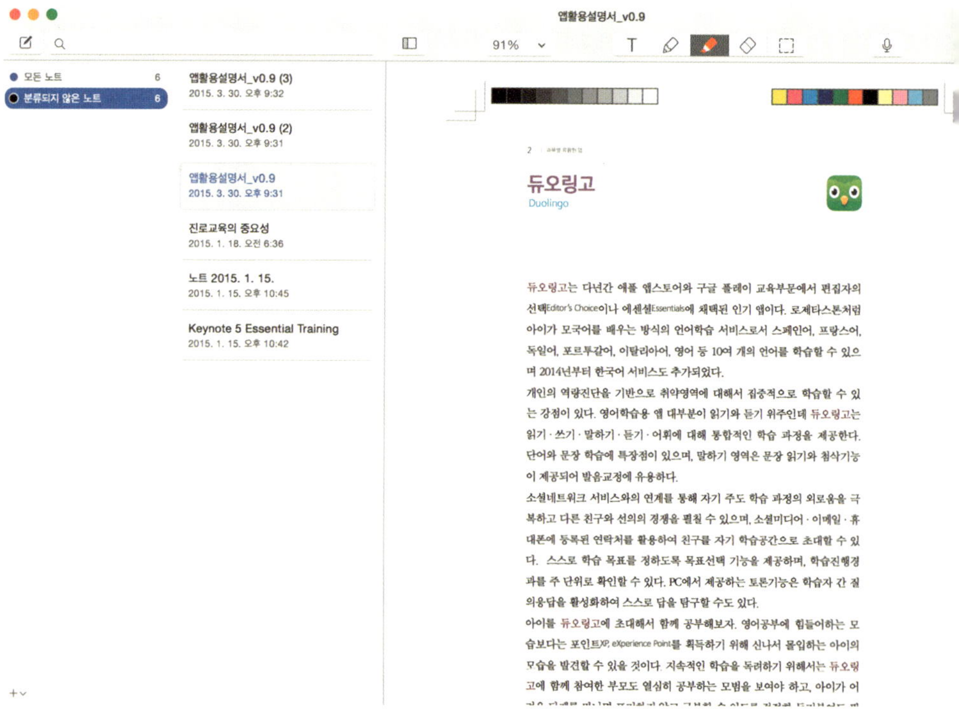

내용이나 체험 학습 사진에 노트하면서 동시에 오디오 녹음을 추가할 수 있어서 강의나 회의 시간에 유용하다. 오디오 녹음은 자동으로 노트에 링크되어 녹음을 재생하면 해당 노트로 연결된다.

노트어빌리티는 PC용, 태블릿 PC용, 스마트폰용으로 제공되며, 구글 드라이브, 드롭박스 등 클라우드 서비스로 연결할 수 있다. 클라우드 서비스에 노트를 모아두면 팀원과 공유할 수 있어서 공동 작업과 협력 학습을 할 수 있고, 교사와 학생 간 과제도 쉽게 주고받을 수 있다.

글로그스터 에듀
Glogster Edu

글로그스터는 이미지, 비디오, 문서, 링크를 캔버스에 끌어다 붙여서 포스트형 콘텐츠를 만드는 도구다. 2009년 서비스 시작 이후, 교육자·학생의 상호작용과 협력 학습을 위한 도구로 활용되고 있으며, 주로 포트폴리오, 프로젝트 산출물, 교육용 콘텐츠가 공유되고 있다.

글로그스터 에듀는 교사와 아이가 글로그스터 자료를 수업과 학습에 활용할 수 있도록 돕는 글로그스터 교육 전용 커뮤니티이며, 현재 약 2천만 명의 학생과 2백만 명의 교사가 이용하고 있다. 비디오, 음악, 사운드, 그림, 텍스트, 파일 첨부, 특별한 효과, 애니메이션, 링크를 사용할 수 있고, 교사에게는 학생의 학습 관리를 위한 교수지원 도구를 제공한다.

콘텐츠는 글로그피디아 Glogpedia라는 백과사전에 주제와 카테고리별로 공유할 수 있어서 직접 콘텐츠를 만들지 않아도 프로젝트나 수업에 필요한 콘텐츠를 얻을 수 있다. 태블릿PC용 글로그스터는 다양한 형태의 템플릿을 제공하고 있어서 원하는 템플릿을 선택한 후 안내에 따라 학습 자료를 입력하면 고품질의 콘텐츠를 쉽게 만들 수 있다.

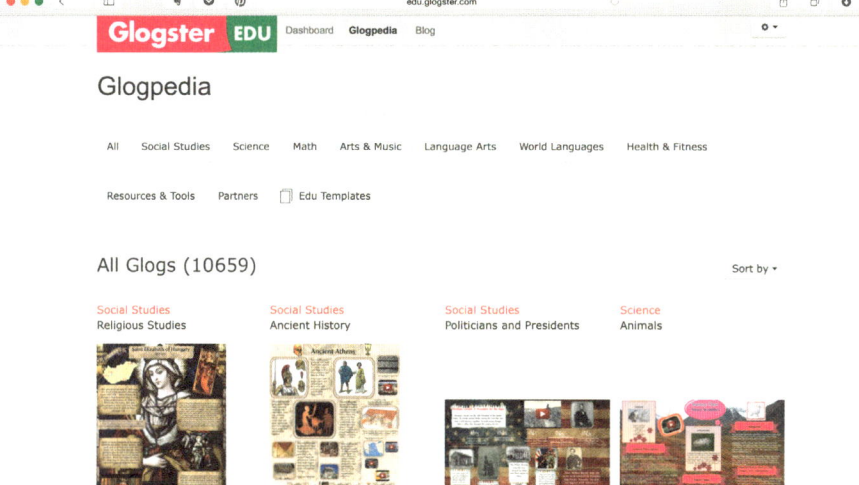

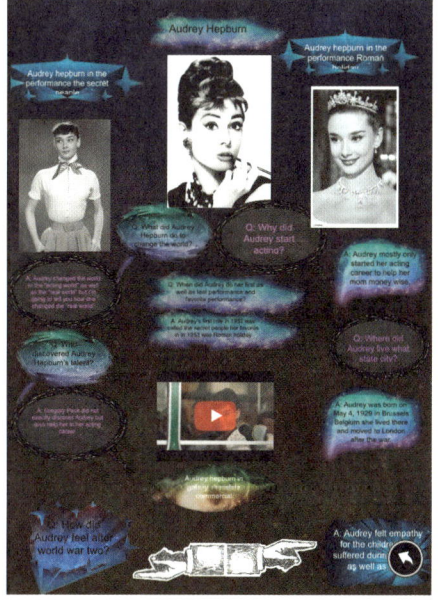

구글 드라이브
Google Drive

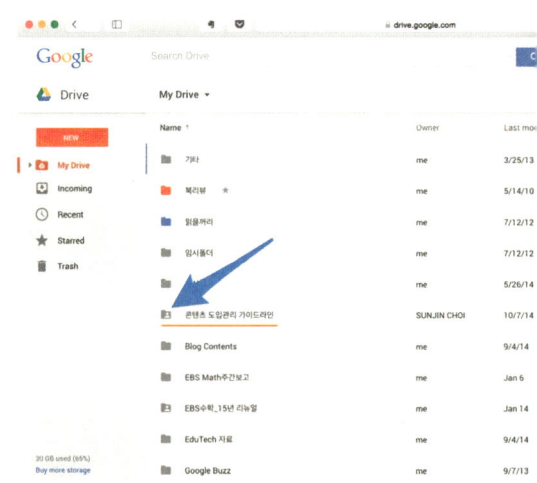

구글 드라이브는 구글의 문서 도구와 저장 공간이 결합한 서비스다. 폴더 생성, 파일 저장, 문서 작성Docs, Slides, Sheets, 서식Forms, 그림 그리기Drawings, 구글 지도 활용My Maps, 마인드맵 MindMap, 외부 소프트웨어3rd Party App 연동 기능 등 다양한 서비스를 제공하며, 10기가GByte의 넉넉한 저장 공간을 무료로 이용할 수 있다.

구글 드라이브의 공유 폴더는 다른 아이콘으로 표시되어 식별하기 쉽고, 'My Drive'에서는 공유나 참여한 문서의 업데이트 현황을 쉽게 파악할 수 있다. 폴더나 문서를 선택한 상태에서 'Details' 메뉴를 선택하면 해당 폴더와 문서에 대한 속성 정보를 확인할 수 있고, 폴더에 대한 관련 정보를 입력할 수도 있다. 폴더나 문서 공유는 생각보다 간단하다. 공유하려는 폴더를 선택한 후 초대 버튼을 선택해 이메일 주소를 입력하고, 읽기, 쓰기 등 권한을 별도로 부여할 수도 있다.

구글 드라이브는 PC 설치·웹사이트·모바일 앱 버전이 있어서 장소나 기기 제한 없이 이용할 수 있으며, 구글 DOC을 설치하면 마이크로소프트 워드 파일도 구글 문서에서 이용할 수 있다.

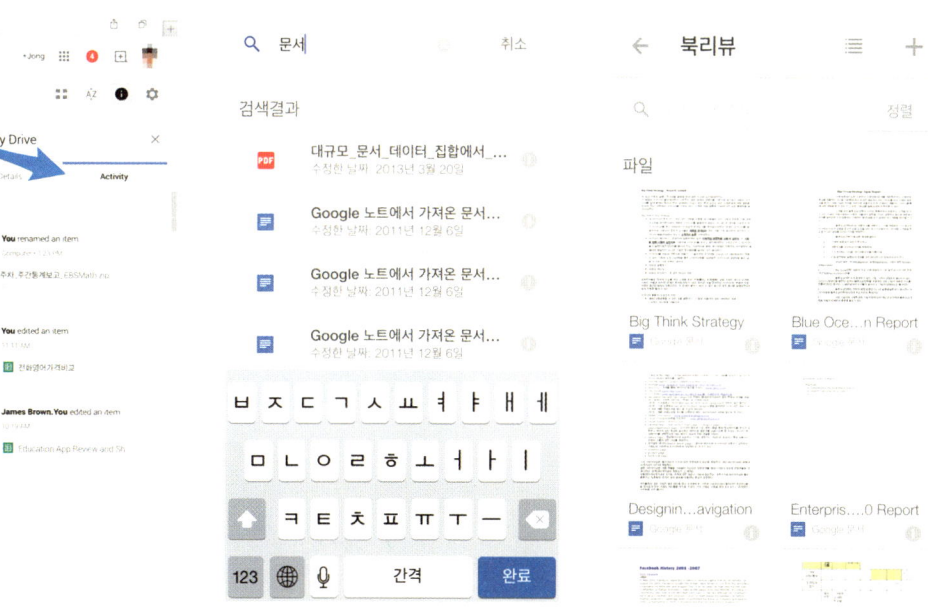

에듀크리에이션
Educreation

에듀크리에이션은 간단하면서도 강력한 녹화 기능이 있는 화이트보드 앱이다. 터치와 클릭 몇 번만으로도 훌륭한 교육용 비디오 자료를 만들 수 있다. Private·Public·My student·My school 중, 'Private'로 저장하면 본인만 열람할 수 있고, 메일이나 코드를 이용해 다른 사람에게 공유할 수 있다.

클래스 개설 기능이 있어서 교사가 코드를 발행해 지정한 학생만 수업에 초대할 수 있고 학습 관리 기능도 제공한다. 에듀크리에이션 홈페이지에서 학생으로 가입 후 코드를 입력하면 클래스에 접속할 수 있으며, 태블릿 PC가 없는 학생은 웹사이트에서 학습할 수 있다. 제한 없이 무료로 사용할 수 있지만, 유료 계정으로 업그레이드하면 내가 만든 강의 자료를 카메라 롤로 내보낼 수 있어서 다른 서비스에서 강의 자료를 재활용하거나 외부에서 만든 강의 자료를 재구성할 수도 있다.

에듀크리에이션을 사용하면 동영상 지도안 Video Tutorial을 쉽게 만들 수 있다. 어려운 수학 문제에 대한 질의응답도 동영상으로 설명할 수 있고, 애니메이션 강의도 만들 수 있으며, 여행 사진에 해설 Commentary을 달아서 보관할 수도 있다. 이렇게 만든 콘텐츠를 'Public'으로 저장하면 전 세계에 있는 친구가 볼 수 있다.

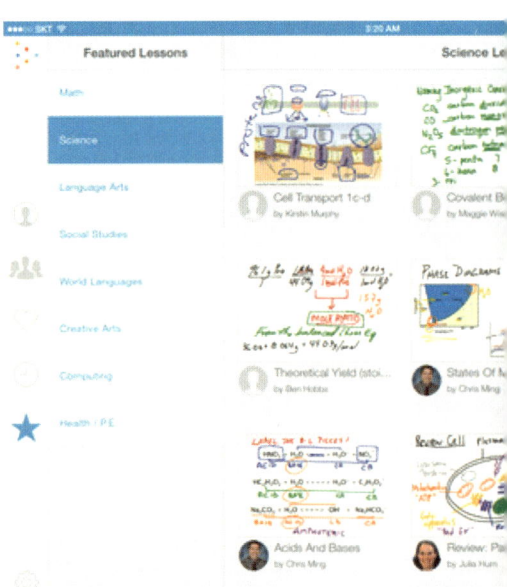

에듀크리에이션의 특장점

- 그림 그리기, 글쓰기, 오디오를 녹음·재생할 수 있다.
- 10가지 색의 디지털 잉크가 제공된다.
- 직접 촬영, 포토앨범, 드롭박스, 웹에 있는 사진을 추가해 콘텐츠를 만들 수 있다.
- 녹화할 때 터치 기능을 사용해 대상물의 움직임을 애니메이션으로 만들 수 있다.
- 여러 개의 페이지를 동시에 만들 수 있고, 여분의 공간이 필요하면 스크롤링으로 공간을 만들 수 있다.
- 작업 취소 Undo·Redo 횟수가 무제한이며, 녹화 중 일시 정지 기능을 사용해 쉬어갈 수 있다.
- 강의 자료를 소셜 미디어나 이메일로 공유하거나 블로그·홈페이지에 넣을 수 있다.

패들릿
Paddlet

패들릿은 가상의 담벼락에 이미지, 링크, 문서, 동영상 등을 올려서 자료를 정리하는 웹 기반 서비스다. 빈 페이지의 담벼락을 만든 다음, 주소나 QR 코드로 친구를 초대해 자기 생각과 자료를 게시하면서 협력 작업을 할 수 있다.

패들릿은 가입 없이 바로 이용할 수 있어서 학교 수업시간에 많이 활용되고 있다. 브라우저의 확장기능을 사용하면 유튜브 동영상이나 인터넷 뉴스를 보다가 패들릿 아이콘 클릭 한 번으로 콘텐츠를 게시할 수 있어서 자료 수집이 편리하다. 유료 서비스는 더 안정적이고 보안 수준이 높은데, 교사는 월 5달러를 내면 학생 수에 상관없이 이용할 수 있다.

135 | 생산공유

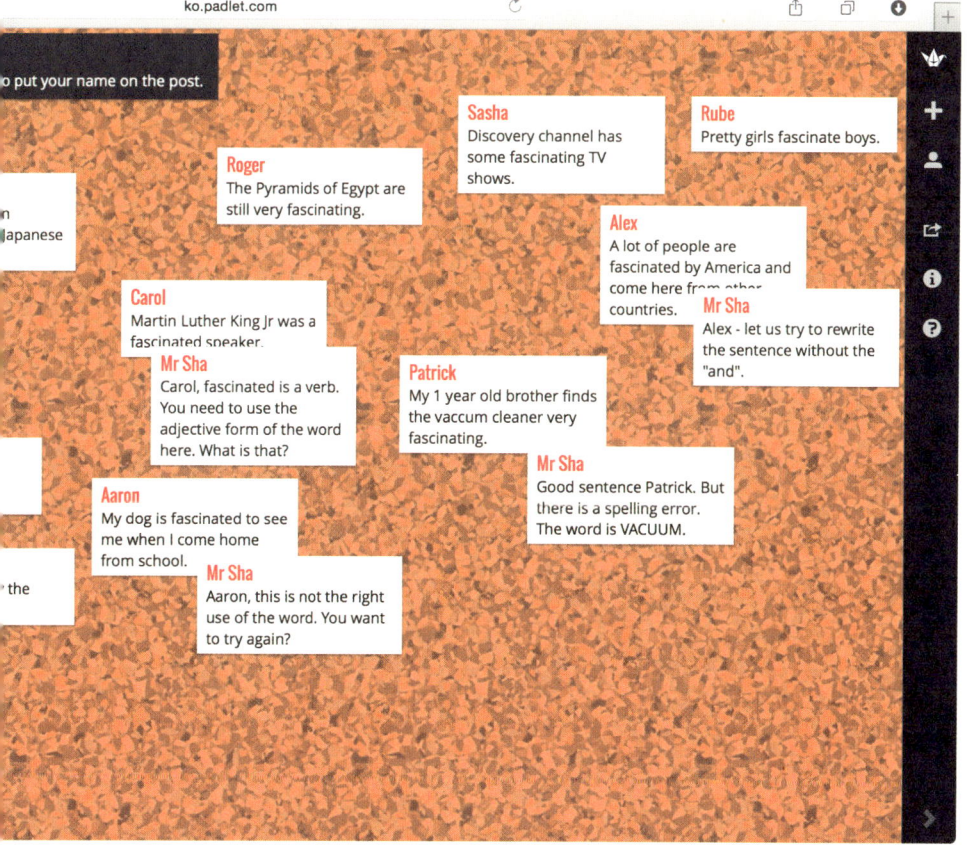

드롭박스
Dropbox

드롭박스는 클라우드 컴퓨팅 기술을 이용한 파일 저장 서비스다. 계정당 2GB의 저장 용량을 무료로 제공하고, 많은 외부 서비스·기기와 밀접하게 연계되어서 편의성이 높다.

드롭박스은 실수로 파일을 덮어쓰기 했을 때 되돌릴 수 있다는 장점이 있다. 여러 번 덮어쓰기를 해도 기존 파일을 보존하므로 원하는 시점으로 되돌아갈 수 있다. 또한, 공유 폴더 소유자만 파일을 영구 삭제할 수 있는 권한이 주어지고, 공유 링크에 비밀번호와 유효기간을 설정할 수도 있다.

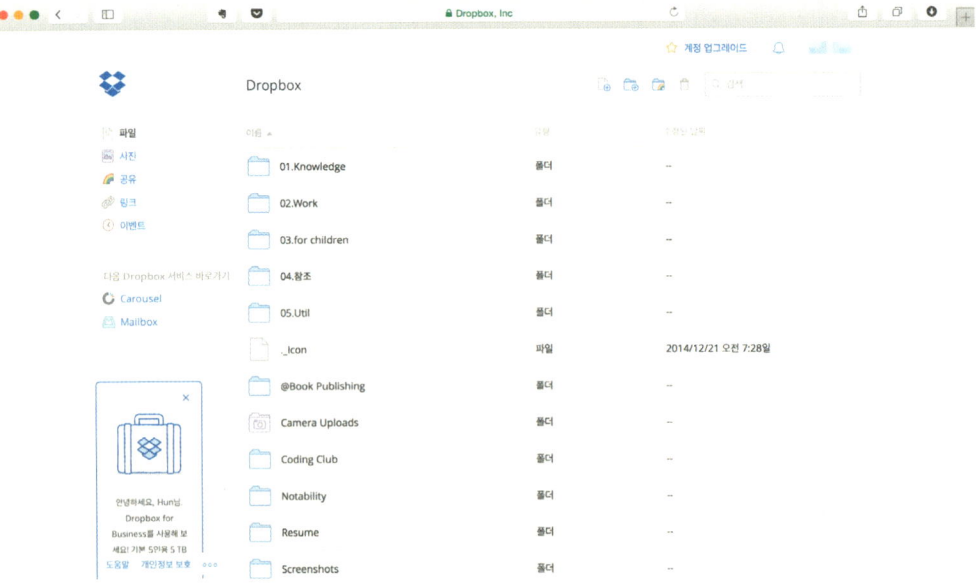

PC용 드롭박스를 설치하면 운영체제 탐색기에 드롭박스 폴더가 생기고 파일·폴더 공유 권한도 설정할 수 있어서 드롭박스 홈페이지에 접속해 내려받는 번거로운 과정을 거치지 않아도 된다.

스마트폰이나 노트북과 같은 장비를 분실했을 때는 장치 연결을 해제해 중요한 데이터를 보호하고 무단 접근을 방지하는 보안설정도 할 수 있다.

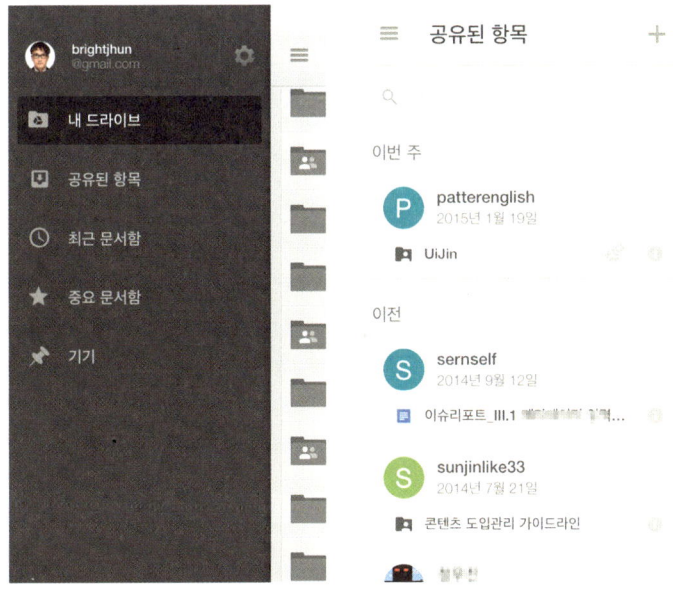

구글 행아웃과 온에어
Google Hangout & On-Air

구글 행아웃은 범용적인 커뮤니케이션 도구면서 구글 교육제품군Google Education Pack에도 포함된 무료 화상교육 도구다. 최대 동시 10명까지 참여할 수 있고 인터넷만 연결되면 전 세계의 어느 교실과도 쉽게 연결할 수 있다.

언어교육, 요리사 교육, 메이커Maker들의 정보 공유 등 이미 구글 행아웃을 이용한 국제교류 사례가 많아지고 있다.

구글 행아웃은 같은 기술 기반이지만, 용도와 기능에 따라 구글 행아웃과 구글 행아웃 온에어로 구분한다. 구글 행아웃은 10명 이하 사람을 초대해 영상 회의와 음성 통화를 하는 소규모 서비스이지만, 구글 행아웃 온에어는 영상을 송출하고 녹화한 영상을 구글 플러스나 유튜브에 게시할 수 있다.

구글 행아웃 온에어는 방송일정을 예약해 친구를 초대할 수 있고, 'Public'으로 설정하면 누구나 방송을 시청할 수 있다. Q&A에 최적화된 Q&A 앱, 쇼케이스 앱Showcase App, 박수 기능 등 방송 제작과 운영에 필요한 기능도 제공한다.

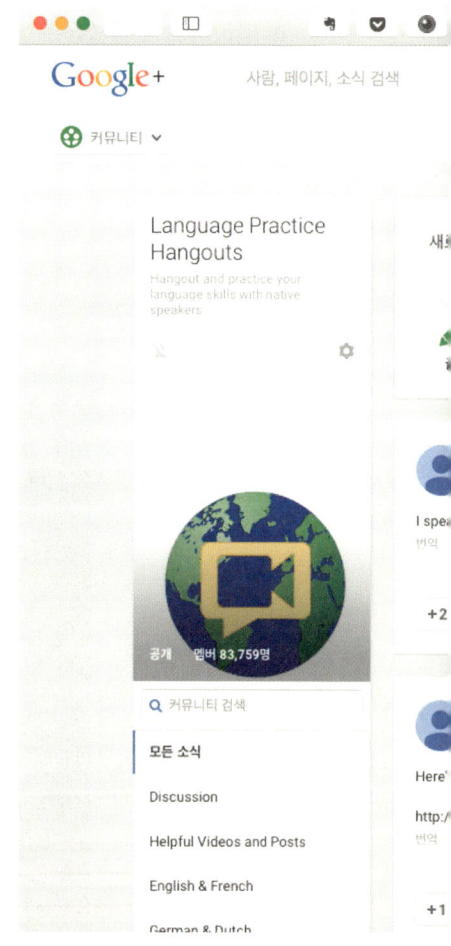

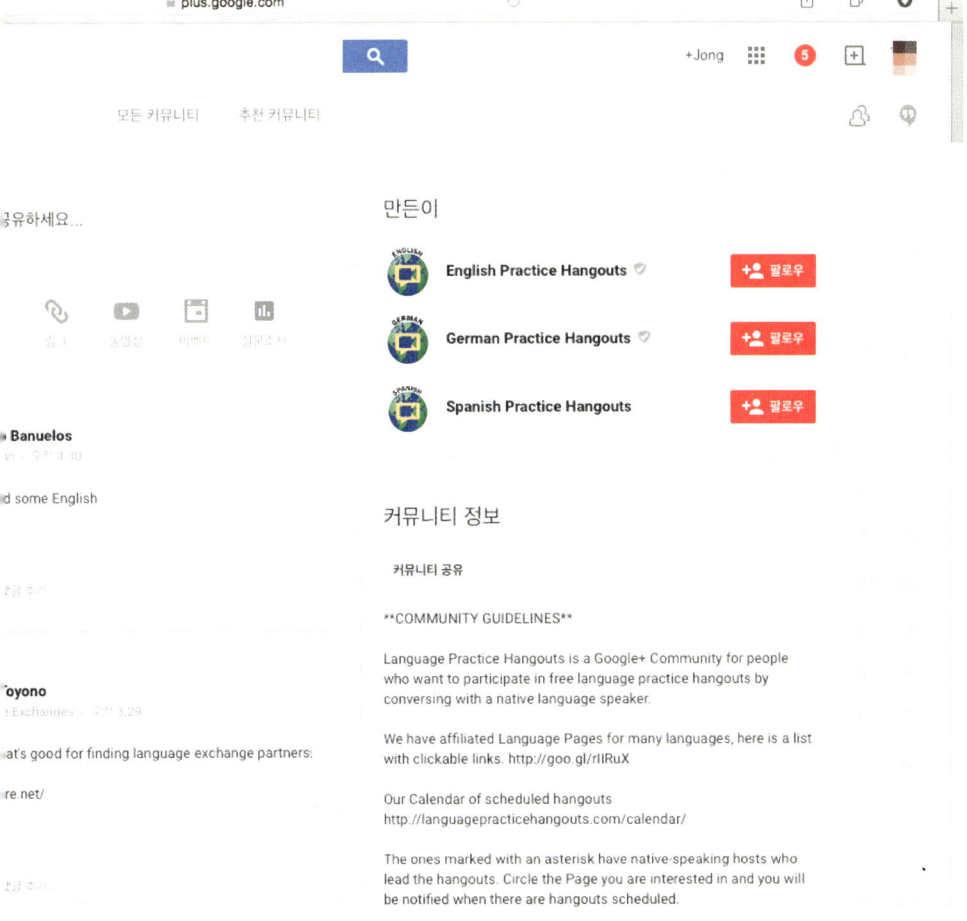

구글 행아웃 활용하기

구글 행아웃은 구글 플러스나 구글 토크를 통해 이용할 수 있는데 구글 크롬 브라우저를 사용하면 더 쉽고 다양한 기능을 활용할 수 있다. 친구를 초대하기도 쉽고 초대받은 친구도 한 번의 클릭으로 행아웃에 참여할 수 있다. 유튜브 동영상을 행아웃에서 검색할 수 있고 스크린 공유 기능을 통해 화상 대화를 할 때 다양한 자료를 활용할 수 있다.

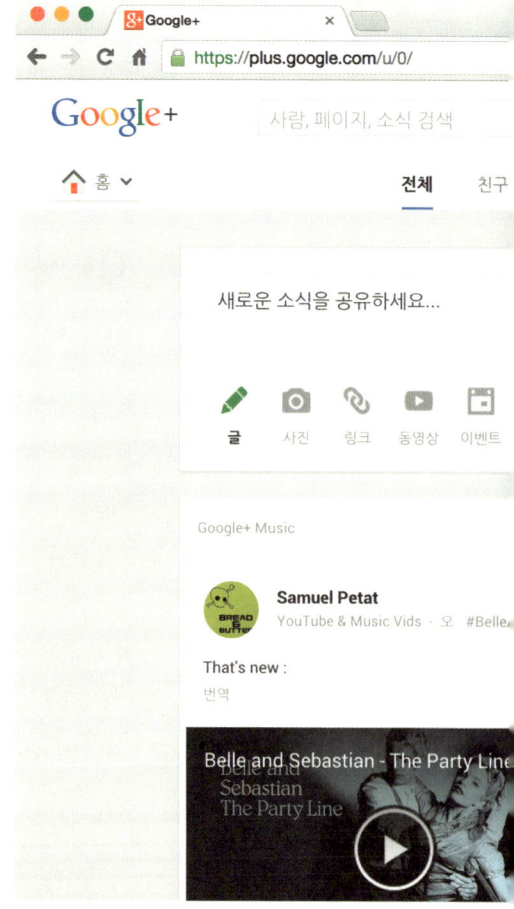

구글 행아웃과 구글 드라이브가 연동되어 있어서 구글 드라이브에 있는 문서를 바로 불러올 수 있고, 구글 드라이브에 친구 접근을 허용하면 구글 행아웃을 통해 대화하면서 협업할 수도 있어서 교육적으로 유용하다. 또한, 구글 행아웃 툴박스를 사용하면 참여자 로고나 이름을 넣을 수 있고, 이슈 추적 기능Issue Tracker, 의견 추적 기능Comment Tracker 등 유용한 기능도 이용할 수 있다. 구글에서 제공하는 부가기능 외에도 '앱추가'를 통해서 다양한 지원 기능을 활용할 수 있다.

생산공유 | 141

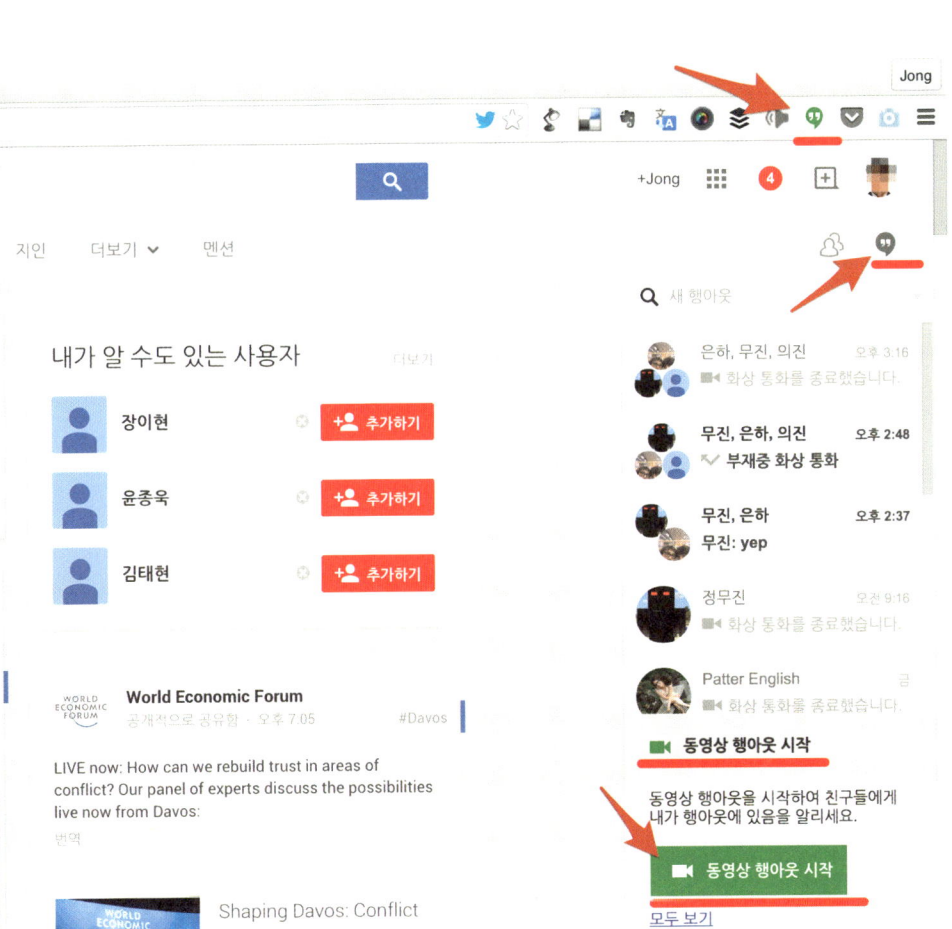

구글 행아웃 온에어 Google Hangout On-Air 활용하기

구글 행아웃 온에어는 구글 플러스의 온에어 메뉴를 선택해 시작한다. '온에어 사용하기'로 설정하면 나만의 방송 페이지를 만들 수 있고, 방송 예고편을 등록할 수 있으며, 유튜브 계정이 있다면 '업로드' 메뉴로 구글 행아웃 온에어를 사용할 수도 있다. 부가 기능 중 질의응답 앱Q&A App은 방송을 보면서 질의응답을 할 수 있고 화상 대화를 재미있게 꾸밀 수 있는 효과Google Effect를 제공하고 있어서 교육적 활용도가 높다.

구글 행아웃을 잘 활용하기 위한 팁

- 조명Lighting 상대방이 여러분의 얼굴을 잘 알아볼 수 있는 적절한 밝기가 필요하다.
- 소음Noise 주변 소음이 있으면 오디오가 엉망진창이 된다. 마이크가 포함된 헤드셋을 사용하거나 조용한 공간에서 행아웃에 참여하는 것이 좋다.
- 보안Privacy 공공장소에서 행아웃을 할 수도 있지만, 다른 사람이 대화 내용을 엿들을 수 있다는 점을 명심하자. 특히, 기밀 회의라면 더 보안에 신경써야 한다.
- 설정Setting 배경은 전문성이 느껴지거나 상대방이 집중할 수 있는 곳으로 선정한다.
- 음소거Mute your mic 상대방 이야기를 듣고 있을 때는 자기 마이크를 음소거로 해두면 상대방 목소리를 더 집중할 수 있다. 이런 사소한 것이 배려의 시작이다.

스카이프
Skype

스카이프는 컴퓨터, 태블릿, 휴대폰, 전화 간 영상·음성·채팅으로 통신할 수 있는 인터넷 통화 서비스로서 2003년에 출시되어 2011년 마이크로소프트가 인수했다.

스카이프 회원 간 통화는 무료이며 일반 사용자와 통화하려면 스카이프 크레딧Skype Credit을 구매해야 한다. 스카이프, 구글 행아웃과 같은 인터넷 통신 기술의 발전으로 기존 값비싼 화상통화Tele Presence 장비를 사용하지 않아도 국제교류협력 프로그램을 운영할 수 있다.

온라인 국제교류협력 프로그램은 학생이 직접 외국에 가지 않아도 지구 반대편 친구와 만날 수 있어서 외국 문화에 대한 이해도를 높이고 글로벌 시티즌십Citizenship을 높일 수 있다. 이미 공교육에서는 IVECAIntercultural Virtual Exchange of Classroom Activities, AKCAustralia-Korea Connexions와 같은 프로그램을 통

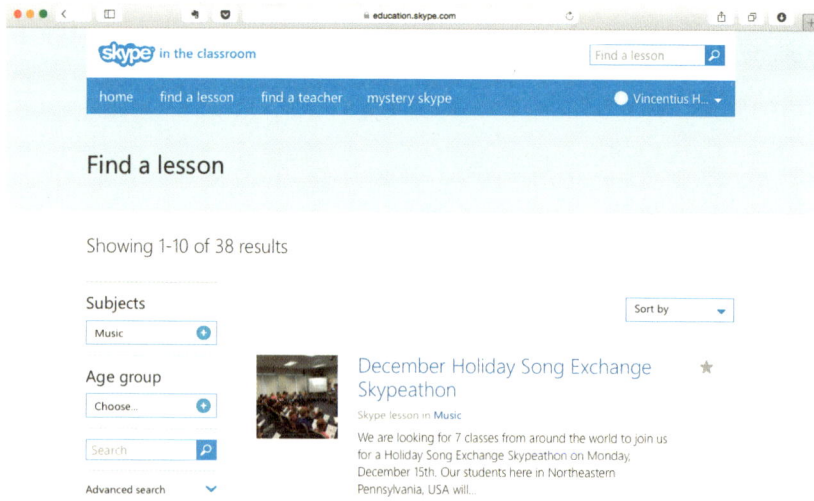

해 온라인 국제교류협력 학습을 운영하고 있다.

스카이프는 북미지역을 중심으로 'Skype in the classroom'이라는 원격 교류 플랫폼을 운영하고 있다. 개설자는 과목을 지정해 대상 클래스를 모집할 수 있고, 클래스에 대한 사용자 의견과 토론을 공개해 클래스 선택에 도움을 준다. 교사나 발표자를 찾고 싶으면 'Find a Teacher' 메뉴로 들어가 지도 위에 등록된 교사와 발표자를 선택한다.

미스터리 스카이프Mystery Skype는 지형, 역사, 언어, 수학, 과학 과목을 가르칠 수 있는 좋은 게임인데 스카이프를 활용해 문제를 내고 맞추는 방식으로 교실 대결 게임을 진행할 수 있다. 이런 서비스를 이용하면 지구 반대편 교실과 함께 수업할 수 있어 외국인 친구와 교류할 기회를 쉽게 얻을 수 있다.

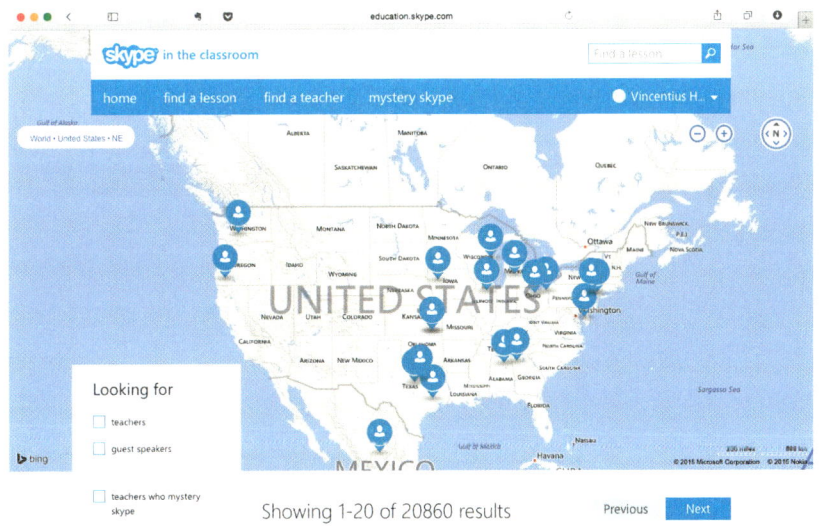

쿠오라
Quora

쿠오라는 주제Topic 기반의 질의응답에 특화된 사용자 참여형 지식 서비스다. 쿠오라는 콘텐츠 품질 관리를 위해 실명 사용을 추천하지만, 구글, 트위터, 페이스북과 같은 소셜 미디어를 통해서 가입할 수도 있다. 답변에 대해 찬성·반대 투표, 읽기목록에 추가, 내 피드에서 제거, 질문에 대한 홍보 프로모션, 감사 행위 등 다양한 참여 활동과 기능이 있어서, 이를 통해 질문·답변의 품질을 높인다.

쿠오라 커뮤니티는 위키피디아 설립자 지미 웨일즈 등 유명인이 다수 참여하고 있다. 지미 웨일즈처럼 유명인에게 질문하고 싶으면 쿠오라에 가입해 글을 올려보자. 쿠오라는 과거에는 주로 미국 실리콘 밸리와 뉴욕시에서 사용되었지만, 2014년 분석 자료를 보면 트래픽의 40%는 인도에서 일어나고 있어서 쿠오라가 점점 글로벌 서비스로 발전하고 있다는 사실을 알 수 있다.

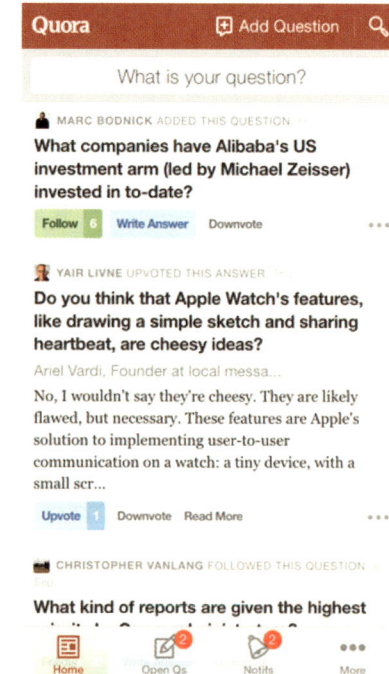

쿠오라는 품질 높은 답변을 하면 크레딧을 받고 보유 크레딧 내에서 전문가에게 질문해 답변을 얻는다. 이런 방식은 콘텐츠 품질을 높이면서 지식 기반의 에코 시스템을 만드는 데 기여하고 있다. 쿠오라는 신변잡기를 140자로 이야기하는 트위터와는 다른 성격이어서 질문을 등록할 때 명확한 목적과 정확한 문법이 중요하다. 질문하기 전에 비슷한 질문과 답변이 있는지 먼저 확인하는 것이 좋다.

등록된 질문은 쿠오라 검증자가 질문을 검증하는 데 문제가 있거나 명확하지 않은 질문은 검증자에 의해 수정될 수 있다. 쿠오라에서 좋은 주제를 발견하면 주제 추가Add Topic 기능을 사용해 다른 사용자가 올린 지식을 실시간으로 받아볼 수 있다. 모바일 환경을 적극적으로 지원하고 있어서 언제 어디서든지 질문하고 답변할 수 있는 서비스로 인기를 얻고 있다.

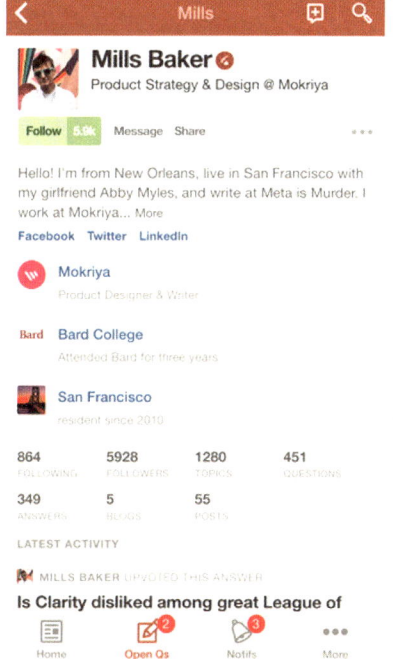

브레인리
Brain.ly

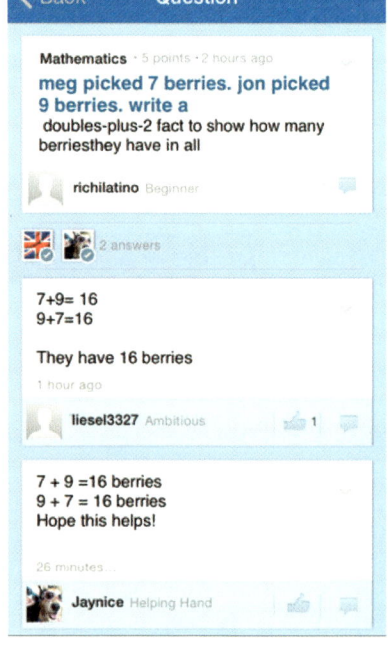

브레인리는 질문응답을 통해 학생 숙제를 돕는 서비스Homework Help다. 폴란드 스타트업이 개발하였고, 폴란드, 러시아, 프랑스, 영미로 출시해 전 세계의 교육시장에 발빠르게 침투하고 있다.

브레인리의 핵심 성공요소는 동기부여를 위한 포인트 제도, 다양한 게임 요소, 충성도가 높은 사용자 커뮤니티로 정의할 수 있다. 현재 3천만 명의 사용자가 활동하고 있고 10분 이내에 질문의 80%가 답변되고 있다. 450명의 검증단이 등록된 답변 중에서 2개를 선정·노출하며, 채택된 답변자는 포인트를 받는다. 포인트를 내야만 질문할 수 있는데, 정확한 답변을 위해서 질문을 입력할 때 명확한 대상, 상세한 질문 내용, 1회 1질문을 유도한다.

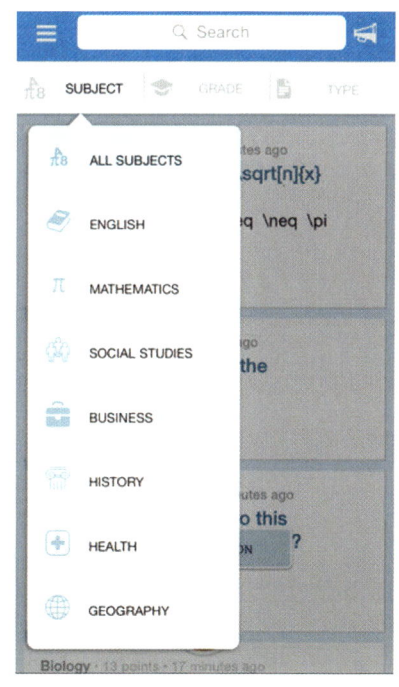 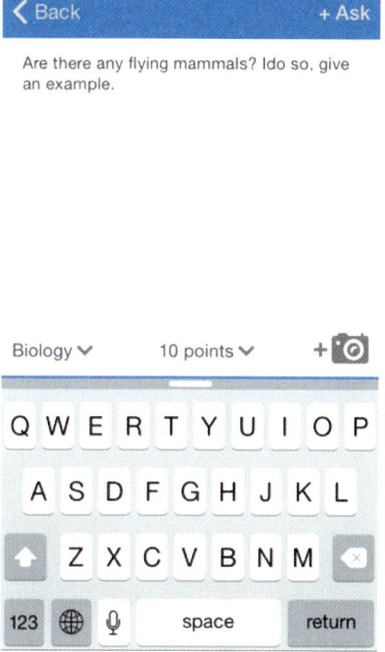

놓치기 아까운 웹

주제별 유용한 서비스
·
교육용 자원 서비스

스크래치
MIT Scratch

MIT 팀과 함께 스크래치를 개발한 미치 레스닉Mitch Resnick 교수는 아이들이 코드를 배워야 하는 이유를 이렇게 말했다.

"모든 사람이 커서 컴퓨터 전문과학자나 프로그래머가 되라는 것이 아닙니다. 창의적으로 생각하고, 체계적으로 추리하고, 함께 일하는 재능은 어떤 일을 하든 상관없이 쓸 수 있는 재능입니다. 여러분이 어떤 일을 하는 가와 상관없습니다. 코딩은 여러분이 생활 속에서 자기 생각과 감정을 표현할 수 있게 합니다."

이와 같이 창의적으로 생각하고, 체계적으로 추리하고, 함께 일하는 재능을 기르기 위해 코딩 교육이 적합한 이유는 무엇일까? 우리가 문제를 해결하는 과정은 복합적이고 논리적인 사고 능력이 필요하다. 그런데 컴퓨터 프로그래밍을 통해 게임을 만들거나 캐릭터를 움직이는 과정은 문제 해결을 위한 사고 능력과 논리력이 필요한 과정이어서 이와 같은 능력을 강화하는 데 많은 도움이 된다. 특히, 최근에는 재미있는 놀이처럼 코딩 교육을 할 수 있어서 코딩을 배우며 체계적인 사고능력과 문제 해결 능력을 높일 수 있는 환경이 마련되었다.

그중 하나가 IT 미디어랩 라이프롱 킨더가튼Lifelong Kindergarten 그룹의 프로젝트인 스크래치다. 스크래치는 초등학생을 대상으로 동작, 제어, 형태, 소리, 연산, 변수 등 8개 그룹에 있는 100여 개의 블록을 조합해 게임과 애니메이션을 만들 수 있는 코딩 프로그램을 제공한다. 블록을 조합하면서 좀 더 쉽고 재미있게 사고 능력과 문제 해결 능력을 익힐 수 있는 방식이라 할 수 있다.

주제별 유용한 서비스 | 153

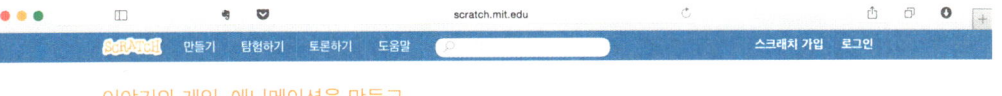

이야기와 게임, 에니메이션을 만들고
전세계 친구들과 공유하기

창의적인 학습 커뮤니티에서 8,046,984 개의 프로젝트를 공유하고 있습니다.

스크래치 소개 | 교육자 | 부모

최근 프로젝트

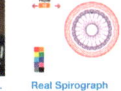

Sandbox
by Junebug9427

Animation Coding Tuto...
by BlueEskie

Real Spirograph
by LeadToGold

Realistic Terrain Gener...
by AchillesX

Dog-a-thon Runner v.1.0
by Randomology

최근 스튜디오

스크래치는 웹사이트 scratch.mit.edu를 통해서 무료로 이용할 수 있는데, 스크래치 화면은 크게 네 영역으로 구성된다.

1. 블록을 언제든지 꺼낼 수 있는 블록 팔레트
2. 블록을 사용해 명령을 처리하는 스크립트 창
3. 스프라이트를 추가할 수 있는 스프라이트 목록
4. 블록 팔레트를 사용해 만든 스크립트를 실행하는 스테이지

스크래치는 블록 형태로 만들어져서 어린이가 창조적으로 생각하고, 체계적으로 추론하며, 협업하는 것을 배울 수 있도록 쉽게 설계되었다. 기계적으로 코드를 외우는 것이 아니라 이야기, 게임, 애니메이션으로 자신을 표현하면서 프로그래밍을 배우고 더 나아가 전 세계인이 함께하는 온라인 커뮤니티에서 자기 창작물을 공유할 수 있다.

스크래치 사용자가 공유한 결과물은 스크립트 보기 기능을 사용해, 남들이 작성한 코딩을 살펴볼 수 있어서 스스로 탐구하고 발견할 수 있다. 스크래치 관련 교육은 정부의 소프트웨어 포털, 한국공개소프트웨어협회 등을 통해서 무료로 이용할 수 있다.

- 소프트웨어 중심사회 포털 www.software.kr
- 한국공개소프트웨어협회 Open Source Software Learning Community
- 오픈 튜토리얼 opentutorials.org/module/964, opentutorials.org/module/1056
- 교사 스크래치 커뮤니티 ScratchED scratched.gse.harvard.edu

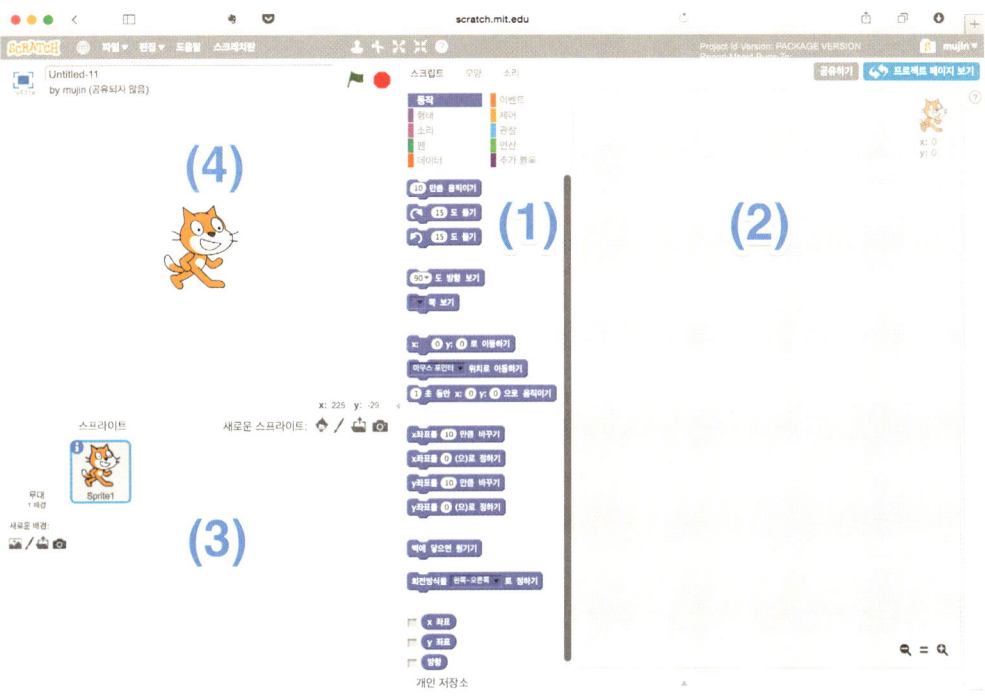

코드닷오알지
Code.org

코드닷오알지는 미국 학생에게 컴퓨터 과학 학습을 독려하기 위해서 만들어진 비영리 조직에서 제공하는 서비스이며, 무료 코딩 수업과 코딩교육 관련 커리큘럼을 제공한다.

지난 2013년 11월 컴퓨터 과학 행사인 'Hour of Code 2013년'이 일주일간 개최되었고, Hour of Code 프로모션 비디오에는 미국 대통령 버락 오바마, 페이스북 창립자 마크 주커버그, 마이크로소프트를 이끌어가는 사트야 등 IT 분야의 유명 인사가 출연했고 약 110억 원(1천만 달러)을 투자했다. 지금까지 180개국 약 1억 명의 학습자가 Hour of Code를 통해 코딩을 경험했다. 코드닷오알지는 4세부터 104세까지 학습자가 참여할 수 있는 학습 프로그램을 운영하며, 한 시간짜리 코딩 튜토리얼을 30개 이상 언어로 제공한다. Hour of Code 이벤트는 현재 약 전 세계 약 8만 군데에서 매년 개최하며, 우리나라는 소프트웨어 교육 커뮤니티인 코딩클럽 www.facebook.com/codingclubs 에서 개최했다.

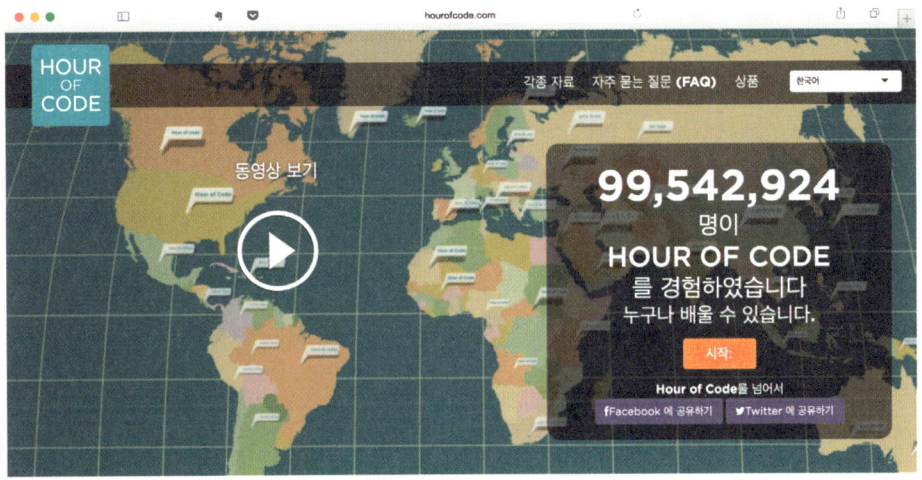

Hour of Code 행사는 전세계 180 개국 이상에서 수 천 만의 학생들과 함께 하기 위한 국제적 운동입니다. 누구나 어디에서나 Hour of Code 이벤트를 조직해서 운영할 수 있습니다. One-hour(1시간짜리) 튜토리얼이 30개 이상의 언어로 제공됩니다. 어떠한 경험도 필요하지 않습니다. 4세부터 **104**세까지.

미국 노동통계국과 국립과학재단에서는 2020년까지 컴퓨터 관련 직업은 컴퓨터 과학을 전공하는 학생 수보다 훨씬 많을 것으로 예측하며, 컴퓨터 비전공 학생도 컴퓨터 관련 직업을 가질 가능성이 높다라는 보고서를 발표했다. 이러한 전망에 따라 세계 각국에서는 정규 교과목으로 편성하려는 노력을 하고 있고, 영국은 2014년부터 SW교육을 필수과목으로 도입하였다. 컴퓨터 과학교육, 좀 더 구체적으로 코딩 교육은 학생에게 논리적 사고력, 창의적 사고력, 문제 분석과 해결 능력을 가르칠 수 있는 좋은 도구이며 영어·수학처럼 필수 학문으로 평가되고 있다.

코드닷오알지는 Hour of Code 행사 외에도 전 세대를 아우르는 학습 지원을 위해서 'Code Studio'라는 서비스를 제공한다. 초등학생 코스, 겨울왕국의 안나, 엘사와 함께 코딩하는 Hour of Code, 자신만의 플래피 버드 게임을 만들 수 있는 플래피 코드, 교실에서 Code Studio를 활용할 수 있는 선생님용 서비스를 제공하고 있다.

초등학생 코스는 나이와 상관없이 할 수 있는 1시간 과정, 초보자를 위한 20시간 과정, 유치원에서 중학교 2학년까지의 학생이 컴퓨터 과학을 경험할 수 있는 일반코스로 구분된다. 일반 코스는 학습 과정에 맞추어서 누구든지 재미있게 컴퓨터 과학을 공부할 수 있게 만들어졌다.

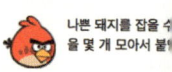

주제별 유용한 서비스 | 159

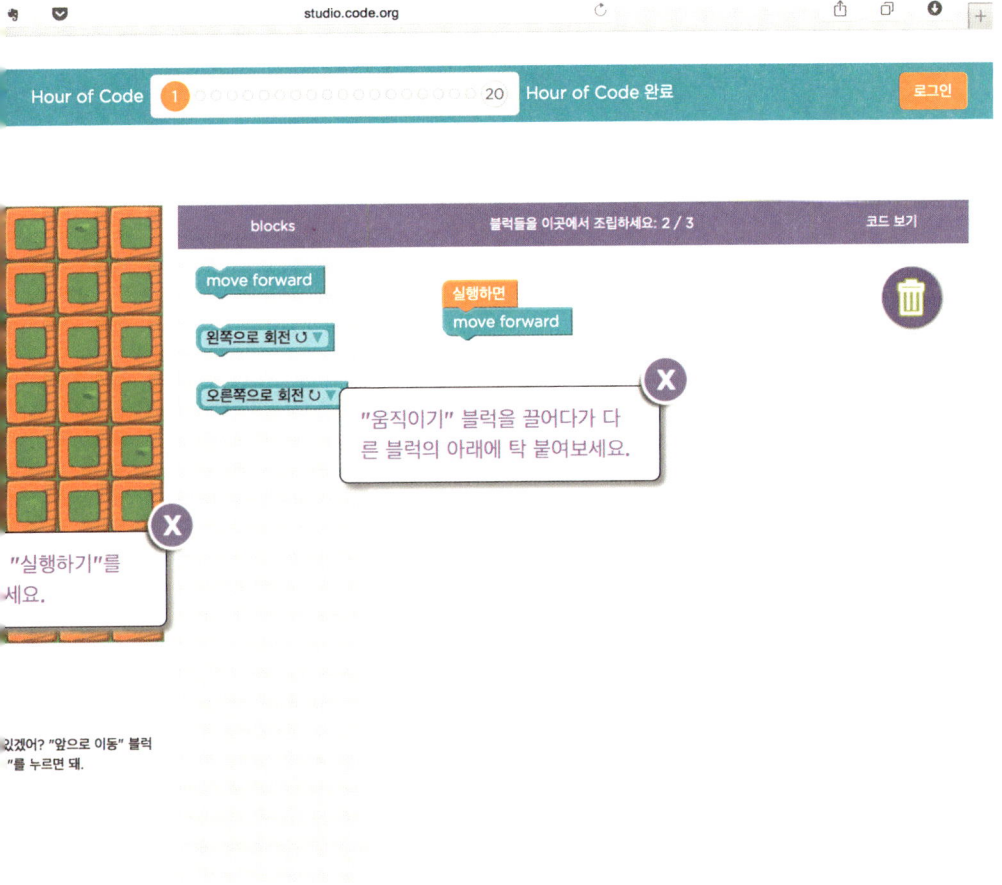

코드 아카데미
Code Academy

코드 아카데미는 영국, 말레이시아, 싱가포르 등에서 중학교 컴퓨터 프로그래밍을 위한 교육용 도구로 활용되고 있는데, 영국은 코드 아카데미를 중고등학교의 정규 교육과정에서 소프트웨어 교육용 도구로 채택하였다.

코드 아카데미는 단계별로 Javascript, CSS, Python, Ruby, JQuery등 프로그래밍 언어를 웹 브라우저에서 학습진도에 맞게 예제를 따라 하면서 직접 코드를 입력하고 실행 결과를 확인할 수 있는 프로그래밍 학습 사이트다. 별도의 설치 과정 없이 프로그래밍을 바로 배울 수 있는 환경을 제공한다는 점에서 아주 유용하며, 웹사이트 제작을 위한 기초·초급·실무 과정까지 체계적인 프로그래밍 학습 과정을 제공한다.

주제별로 샘플 코드가 제시되고 문제 해결을 위해서 고민하며, 결과를 바로 실행하고 결과에 대한 피드백을 바로 받을 수 있는 대화형 학습방식은 게임처럼 몰입할 수 있게 해 초보자도 프로그래밍의 매력에 빠지게 한다.

관련 사이트

- 칸아카데미 자바스크립트를 활용한 애니메이션·게임 개발과 HTML·CSS를 활용한 웹 페이지 개발로 구성된 컴퓨터 프로그래밍 과정, 컴퓨터 알고리즘을 배우는 컴퓨터 과학 과정, Hour of Code 과정을 제공한다.
- 하버드 CS과정 하버드 대학 David J. Malan 교수가 컴퓨터 과학 입문, 효율적인 문제 해결 방법과 추상화, 알고리즘, 데이터 구조화, 암호화, 리소스 관리, 보안, 시스템 공학, 웹 개발 등을 토크쇼를 하듯이 재미있게 강의한다. 이 강의는 2014년 가을 하버드대 역대 최고 인기 강의로 선정되었다.

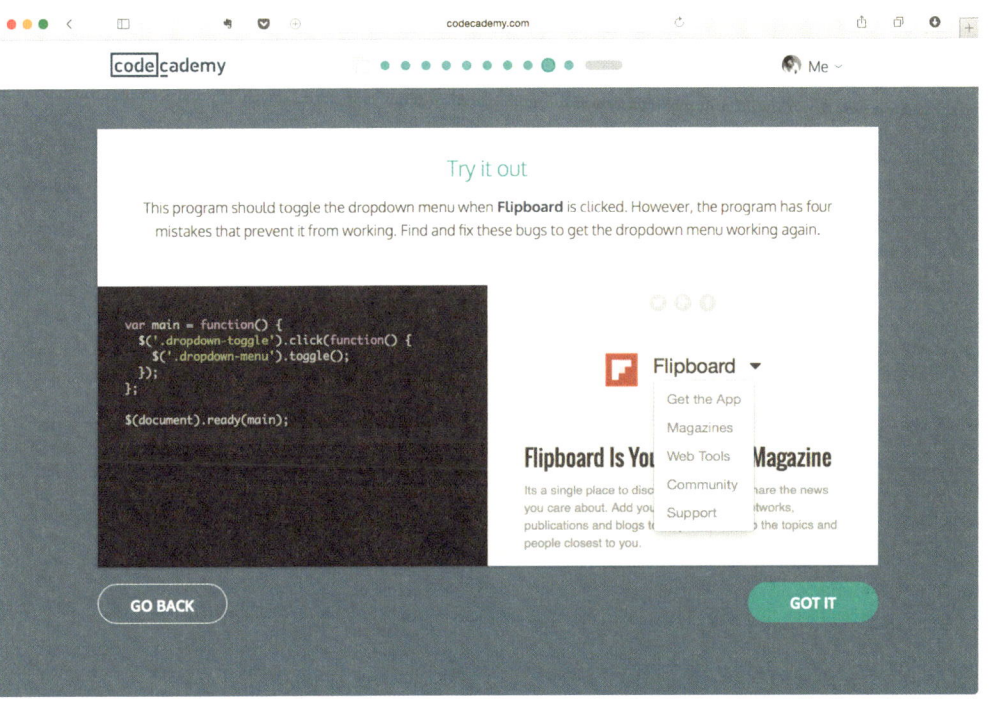

마인크래프트
Minecraft

대부분의 부모는 게임에 대해서 호의적이지 않지만, 디지털 네이티브에게 게임은 일상이다. 영국은 150개가 넘는 학교 수업에서 마인크래프트를 활용하고 있으며, 덴마크는 자국의 국토 정보를 마인크래프트로 재현해 공개하였다.

마인크래프트는 게임 디자이너에 의해 만들어진 이야기 구조가 없다. 자동 생성되는 무한 맵에서 게임을 시작하며, 철저하게 게임 플레이어에 의해 작동하는 샌드박스SandBox 게임이다. 플레이어는 산, 물, 동굴, 초원 등 지형을 걸어 다니거나 뛰어다닐 수 있다. 게임 속 세계는 오버월드 네더월드(지옥), 엔드월드 등으로 나뉜다.

게임 속 시간은 낮과 밤으로 구분되며 하루는 20분이 걸린다. 플레이어를 공격하는 몬스터, 플레이에게 식량이 되는 소·돼지·닭, 스스로 마을을 만들어 생활하는 주민 등 게임 속에서 아주 많은 동물과 사람을 만난다. 플레이어는 소, 돼지, 닭 등을 먹거나 다른 도구를 제작할 때 재료로 사용할 수 있으며, 거미, 해골, 좀비 등 몬스터는 밤이나 어두운 곳에서 플레이어를 공격한다. 지옥에 존재하는 몬스터는 블레이즈 좀비피그맨, 마그마 큐브, 가스트 등이 있고 엔더월드에는 엔더드래곤이라는 보스 몬스터가 있는데, 플레이어가 엔더드래곤을 사냥하면 게임은 종료된다.

플레이어의 취향에 따라서 여러 가지 모드를 선택할 수 있어서 건축에 집중하고 싶다면 크리에이티브 모드를 선택해 마인크래프트에서 제공하는 재료를 얻는데, 이 모드에서는 플레이어가 몬스터로부터 공격을 당하지 않으며 체력이 떨어지거나 배고픈 것도 없다. 점프 버튼을 두 번 연속 누르면 비행 모드를 전환되어 자유롭게 이동을 할 수 있는데, 이 모드는 플레이어가 거대한 건축물을 만들 때 큰 도움을 준다.

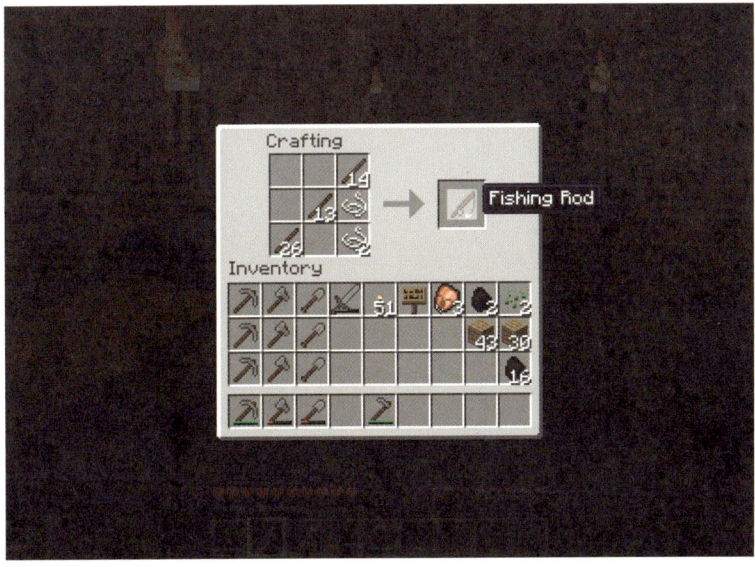

모험을 즐기는 플레이어는 서바이벌 모드로 게임을 즐긴다. 플레이어가 생존하기 위해 다양한 재료를 직접 모아서 생존한다. 몬스터는 주로 어두운 장소에서 서식하는데 플레이어가 집을 지어야만 몬스터로부터 살아남을 수 있다. 플레이어에게는 하트 모양의 체력지수HP가 있는데 체력은 몬스터에게 공격을 받을 때, 물에서 익사할 때, 배고플 때, 불에 탈 때 등 다양한 원인에 의해 소진된다.

배고픔은 음식을 먹으면 회복되는데 실제처럼 작물을 기르거나 사냥을 하는 방법을 통해 해결한다. 플레이어는 도구, 무기, 갑옷 등 생존에 필요한 다양한 아이템을 만들 수 있으며, 주민과 물물교환하거나 에머랄드라는 화폐를 사용할 수도 있다. 플레이어는 경험치를 이용해 도구를 강하게 만들 수 있는데, 경험치는 몹Mob 또는 몬스터를 죽이거나 광물을 캐는 방법 등으로 높일 수 있다. 도구가 강해지면 내구성이 높아지거나 다양한 효과를 추가할 수 있다. 그밖에 서바이벌 모드와는 비슷하지만, 난이도가 좀 더 어려운 하드코어 모드, 원래 존재하는 월드를 다른 사람이 가져와서 플레이할 때 쓰기 위해 만들어진 어드벤처 모드, 여기저기 날아다니면서 관람만 할 수 있는 관전 모드가 있다. 하나의 월드에서 여러 플레이어가 멀티플레이를 할 수 있는데, LAN 서버를 이용해 로컬 영역의 네트워크에서 간편하게 멀티플레이어 서버를 개설할 수 있다.

마인크래프트 에듀 www.minecraftedu.com 는 마인크래프트를 교육에서 활용하기 위해 개발되었으며, 마인크래프트를 교실 수업에 도입하고 싶은 교사를 위해 교육용 대시보드·도구, 교육 할인 라이선스, 클라우드 서비스를 제공하고 있다.

멀티플레이를 하고 싶지만 LAN 서버를 구축하기 어려운 사용자를 위해서 'REALM'이라는 서버 호스팅을 운영하고 있다. 이 서비스를 이용하면 관련 지식이 없더라도 손쉽게 서버를 개설할 수 있다.

마인크래프트의 탐험·창조 과정을 통해서 21세기 학습자*에게 필요한 목표 설정, 협력, 창의력, 디자인, 시스템적 사고를 높일 수 있는 교수학습 방법론이 생기고 있다.

* 21세기 학습자의 필수 역량은 기초 과목과 21세기 학제간 주제 관련 역량Core Subjects and 21st CenturyThemes를 기초 역량으로 하고 학습 및 혁신 역량Learning and Innovation Skills, 정보, 미디어, 기술 역량Information, Media, and Technology Skills, 생애 및 경력 개발 역량Life and Career Skills을 추가하고 있다.

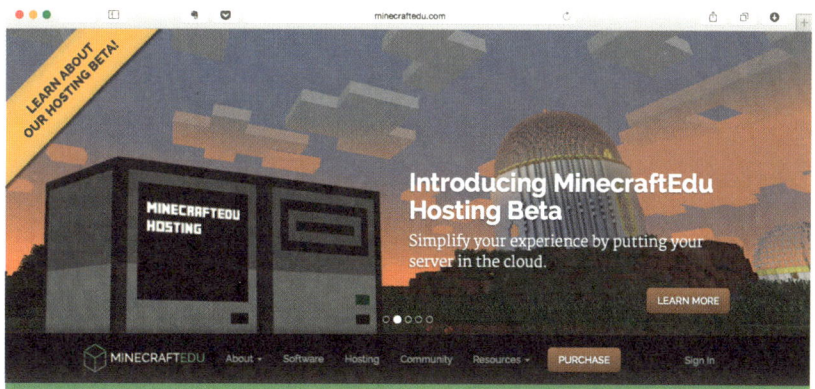

사용자가 직접 동영상으로 만든 마인크래프트 사용설명을 유튜브에서 볼 수 있는데 세계적인 마인크래프트 유튜브스타가 탄생할 정도로 열광적이고 국내에서도 아프리카TV등을 통해서 노하우가 활발하게 공유되고 있다. 언어적으로 다소 과격하고 폭력적인 동영상도 있어서 사전 검토가 필요하므로 교육 기술Education Technology를 통해서 교육 혁신을 주도하는 미국의 비영리 조직인 커먼센스미디어Common Sense Media에서 선정한 유튜브 마인크래프트 채널을 아이에게 추천해 주는 것도 좋은 방법이다.

유튜브 마인크래프트 채널 www.commonsensemedia.org/blog/the-10-best-kid-friendly-minecraft-channels-on-youtube#

Figure 1: A typical Minercraft biome.

Figure 4: The periodic table in Minecraft.

버블링
Verbling

'Fluent in 3 months'를 쓴 다중언어 구사자 베니 루이스 Benny Luwis는 가장 빠른 언어 습득 방법은 "Speaking First!!". 즉, 스스로 말하기 환경에 노출되는 것이라고 했다.

가장 큰 언어 학습 장벽은 외국인을 만났을 때 느끼는 막연한 두려움이다. 이를 극복하기 위해서는 외국인과 함께 노출된 환경이 중요하다. 우리나라에서 외국인과 오랜 시간을 보내는 것은 쉽지 않지만, 인터넷 커뮤니케이션 기술의 발전으로 어학연수를 하거나 외국어 학원을 이용하지 않더라도 현지의 선생님과 화상으로 대화할 수 있게 되었다.

버블링은 샌프란시스코에 있는 IT 스타트업에서 출시한 구글 행아웃 온에어 기반의 언어 학습 서비스다. 화상영어 서비스인 1:1 튜터링, 1명의 선생님 지도 아래 여러 명의 학습자와 같이 공부하는 'Group Study' 서비스, 학습자 간의 언어 교환을 위한 커뮤니티를 제공한다.

일반 사용자도 무료로 강의 과정을 이용할 수 있는데, 월 19달러를 내면 월 10개의 수업에 참여할 수 있고 월 45달러를 내면 무제한으로 그룹 스터디에 참여할 수 있다. 특히, 영어와 스페인어 그룹 클래스는 24시간 운영되며, 각 클래스는 전문가와 원어민 선생님을 포함해 최대 9명으로 구성된다.

개인 튜터링 프로그램도 제공하고 있는데, 강의료는 강사가 직접 책정한다. 일반적으로 시간당 30달러인데 정규 강의 프로그램과 전문 강사에 의해 수업이 진행된다. 강사는 동영상과 메시지를 통해서 자기 소개를 하고 있어서 관심 있게 살펴보면 저렴한 비용으로도 훌륭한 강사를 만날 수도 있다.

부끄럼이 없는 학생이라면 버블링의 언어교환 커뮤니티 Language Exchange Community를 활용해보자. 학생끼리 말하기 연습 Speaking Practice 그룹을 개설할 수 있어서 무료로 공부할 수 있는 좋은 방법이다.

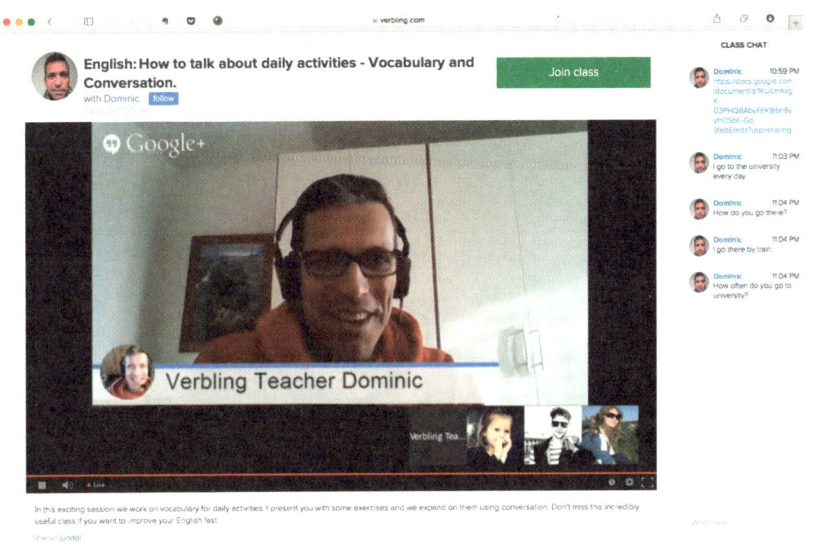

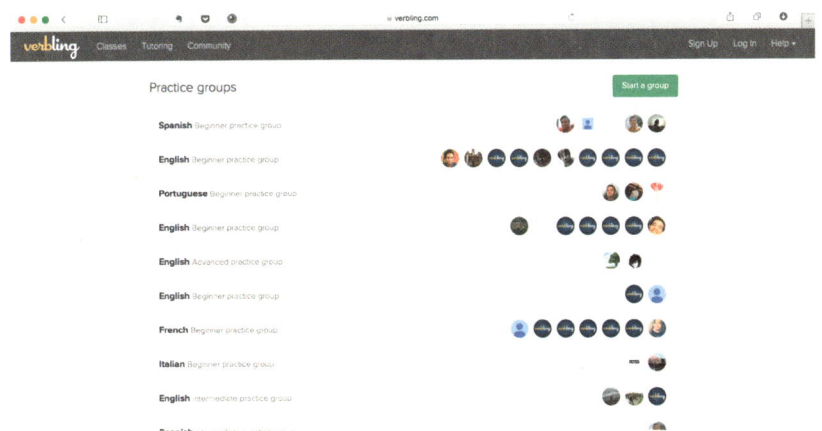

잉비드
Engvid

잉비드는 영어 학습자에게 아주 유명한 무료 영어 강의 서비스다. 현재 숙명여대에서 운영하는 MOOC 플랫폼인 SNOW에서도 잉비드 강의에 한글 자막을 입혀서 제공할 정도로 질적으로 우수하다.

주제·과목별 영어권 국가 강사가 강의하고 있어서 잉비드 내에서도 영국 영어, 미국 영어, 캐나다 영어, 남아프리카 영어 등을 두루 경험할 수 있는데, 현재 등록된 영어 강의 비디오는 800여 개가 넘고 1백만 명 이상의 영어 학습자가 매일매일 영어 수업에 참여하고 있을 정도로 인기가 높다.

수준·토픽별 강의를 제공하고 있어서 영문법, 어휘, 발음 등 기본 학습뿐만 아니라 IELTS, TOEFL 시험 과정도 운영한다. 현재 총 10명의 강사가 일주일에 3회 이상 콘텐츠를 등록하고 있고, 10~15분짜리 동영상과 수업 이해도 평가를 위한 퀴즈도 함께 제공한다.

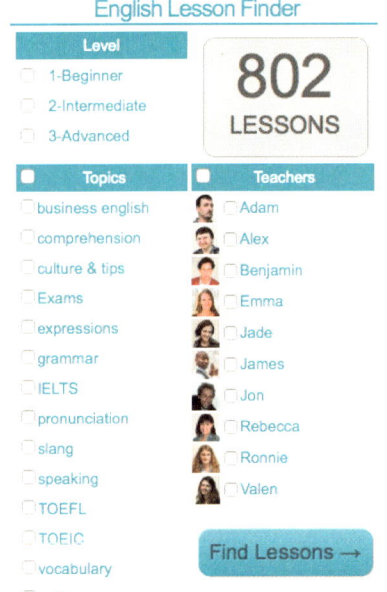
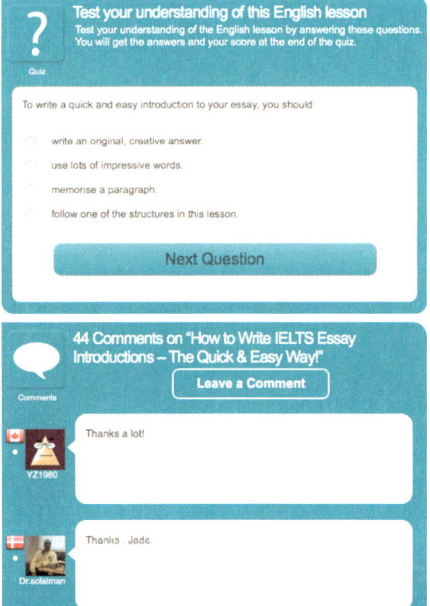

EBS 수학
EBS Math

EBS 수학은 2012년 정부가 발표한 수학 선진화 방안으로 시작한 수학 자기주도학습 지원 서비스다. "혼자서도 학습이 가능한 수학! 학교에서의 수학 수업은 재미있게, 집에서의 수학공부는 이해하기 쉽게 스스로 공부하는 힘을 키워주는 자기주도 수학학습 지원 서비스"를 목표로 하고 있다.

현재 5~10분 분량의 동영상 콘텐츠 400여 개, 문제 5,500여 개 등 약 6,000개 이상의 중학교 교과서 기반 수학 콘텐츠를 서비스하고 있으며, 2015년에는 초등학교 5·6학년 과정까지 확대할 예정이다. 국가교육과정에서 제시하는 학습 목표에 맞게 순서가 구성되어 다른 출판사의 교과서라도 문제없이 사용할 수 있다.

EBS 수학은 10분 미만의 동영상 콘텐츠, 개념 이해를 돕기 위한 웹툰, 개념 동영상 학습 후 평가를 위한 난이도별 문제, 수학 학습용 게임인 인터랙티브를 제공하고 있으며, 주제별 목표 달성을 위한 짧은 개념 동영상과 문제 세트로 구성된 M노트를 활용하면 효과적인 학습을 할 수 있다.

M노트는 EBS가 수학 관련 국내외 전문가와 함께 주제·차시별로 제공하지만, 학교 선생님이나 학습자도 스스로 쉽게 만들 수 있다. 그밖에 자기주도 학습관리를 위한 학습 다이어리·숙제관리와 거꾸로 교실에서 활용할 수 있도록 개발된 학습커뮤니티는 EBS 수학을 더욱 유용하게 만든다.

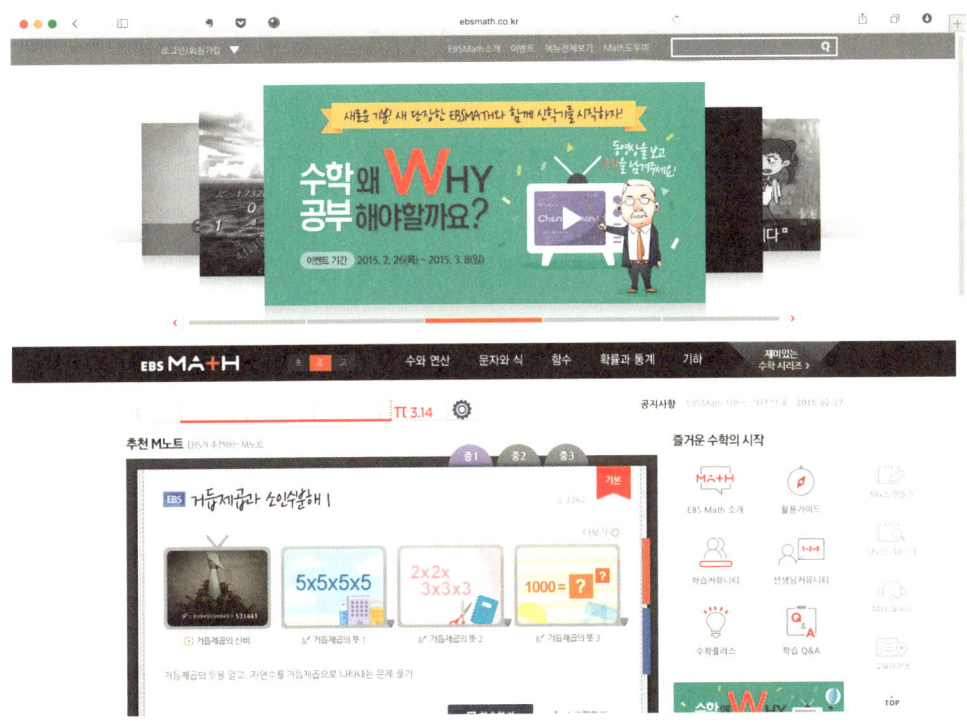

EBS 클립뱅크

EBS 클립뱅크는 학교에서 활용할 수 있는 5분 분량의 교육용 동영상 콘텐츠를 제공하는 서비스다. 현직 초중고 교사로 구성된 콘텐츠 연구회(커뮤니티)가 지식채널, 다큐프라임, 순우리말 사전 등 양질의 EBS 방송프로그램을 교수학습자료로 활용할 수 있도록 클립형 콘텐츠로 제작하였다.

국어, 수학, 영어, 사회, 과학, 예체능 클립을 초중고 교육과정에 맞게 분류하고, 초등학교 5~6학년 4개 교과에 대해서 수업 시간에 활용하기 쉽도록 디지털 지도안을 제공한다.

현재 총 7만여 개에 이르는 VOD 클립이 제공되며, 유아 대상의 VOD 클립도 약 1,800여 개에 달한다. 그밖에 문화재청 헤리티지 채널 문화유산, 네이처릭스 과학 3D 영상 등 외부 제휴·협력을 통해서 전문 콘텐츠를 다량 확보하고 있다.

관심 콘텐츠를 설정하면 해당 콘텐츠가 등록될 때 바로 알림 서비스를 제공받을 수 있고 유용한 콘텐츠를 내꾸러미에 담아서 활용할 수 있다.

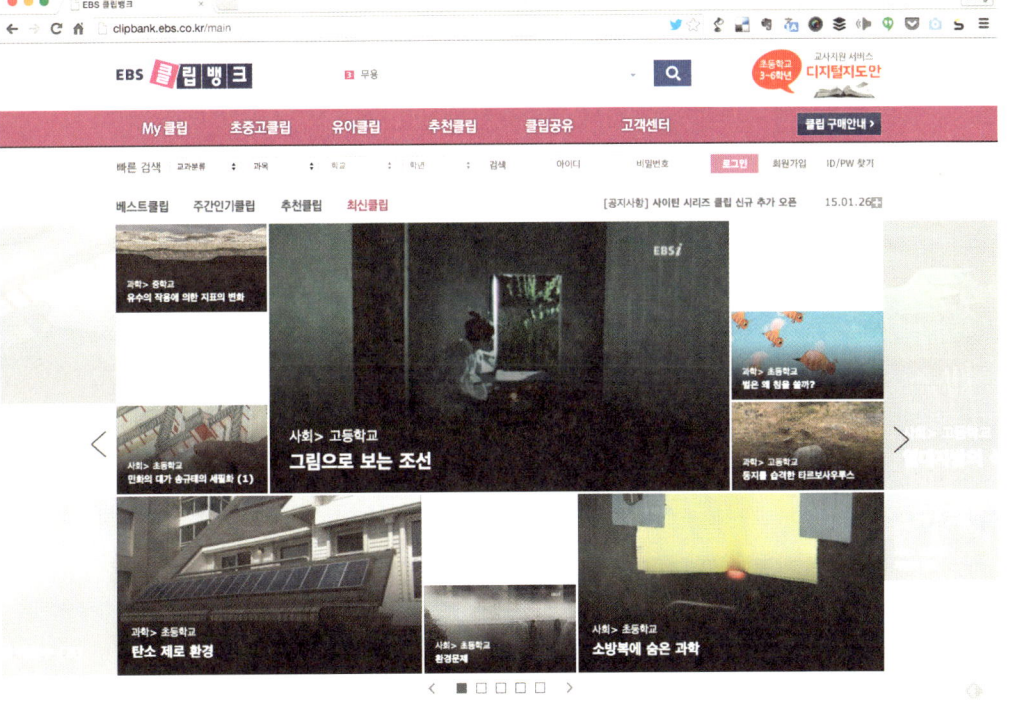

에듀넷 정보통신윤리교육

2013년 교과부 발표에 의하면 도시 70%, 농산어촌 67%의 초중고학생이 스마트폰을 갖고 있다. 이미 우리 아이의 손에는 스마트폰이 들려있고 어른보다 더 자유롭게 다루는 디지털 네이티브로 변화했다.

요즘 어느 집이든 스마트폰 때문에 집안이 시끄럽다. 게임과 메신저에 푹빠져있는 우리 아이들. 돌아보면 우리도 학교를 다녀와서 만화책이나 TV만 본다고 어머니에게 꾸지람 한 번 들어보지 않은 사람은 없을 것이다.

문제는 스마트폰이 아니다. 디지털 사회에서는 스마트 기기를 잘 활용할 수 있는 능력. 즉, 디지털 리터러시 역량이 매우 중요하다. 스마트폰 때문에 싸움이 일어나는 것은 자기조절 능력의 문제다. 아무리 좋은 것도 스스로 조절하고 제어할 수 없다면 독이 될 수 있다. 이런 문제를 해결하기 위한 노력은 비단 우리나라뿐만 아니라 전 세계적인 추세다.

교육부는 정보통신윤리교육을 상시적으로 수업에 적용하기 위해서 현장의 유능한 교사를 참여시켜서 정보통신윤리교육 사례에 대해 연구조사를 했다. 이를 통해 나온 역기능 예방·순기능 촉진 관련 사례, 실천 전략, 수업 노하우 등 결과물은 에듀넷 정보통신윤리 사이트의 자료실에서 찾아볼 수 있다. 정보통신윤리교육의 8개 교육영역에서 초중고 학교급별 총 80개의 교육사례를 다루고 있으며, 스마트폰에서도 이용할 수 있는 앱북 형태로도 제공하고 있다.

정보통신윤리교육의 8대 교육영역 사이버언어폭력, 사이버네티켓, 저작권 보호, 게임 인터넷 중독, 올바른 정보검색과 활용, 건전한 정보기기 활용, 진로탐색, 개인정보보호

에듀넷의 정보통신윤리 사이트는 정보통신 윤리교육 사례, 교과 연계 콘텐츠, 유관기관 교육자료, 정보통신 윤리 관련 정보 등 학부모를 위한 다양한 콘텐츠를 제공한다. 이 중 '교과연계 콘텐츠'는 초등학생부터 고등학생까지 스스로 학습을 할 수 있는 온라인 학습용 콘텐츠를 학습할 수 있는데, 이때 부모도 아이와 함께 학습하는 것이 좋다. 온라인 학습용 콘텐츠는 초등학생부터 고등학생용까지 제공된다. 해외에도 다양한 서비스가 있다. (아래 링크 참조)

- 호주: www.cybersmart.gov.au
- 마이크로소프트: www.microsoft.com/about/corporatecitizenship/citizenship/giving/programs/up/digitalliteracy/default.mspx

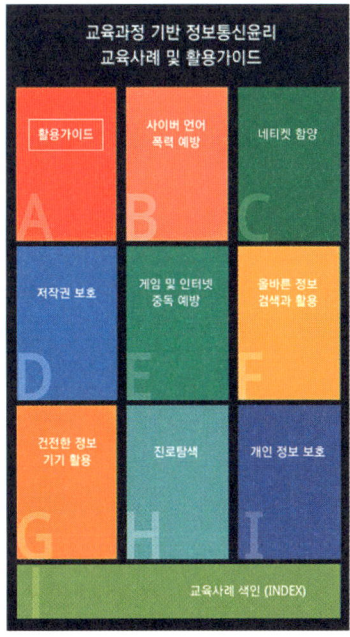
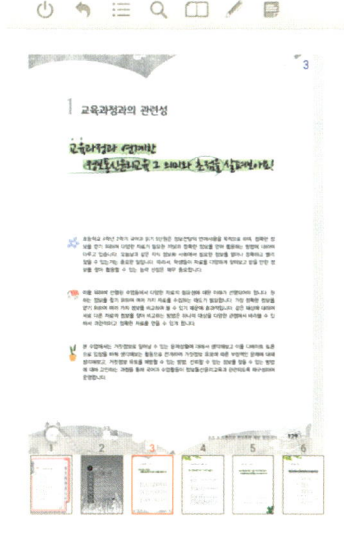

사운드클라우드
SoundCloud

사운드클라우드는 온라인 사운드 레코딩과 배급 플랫폼으로서 음악가의 작곡을 돕고 유통을 지원한다. 사진은 플리커, 영상은 유튜브, 음악은 사운드클라우드라고 할 정도로 음악 분야의 대표 서비스다. 2014년 12월 기준 월 1억 8천만 명이 듣고 분당 12시간 분량의 오디오가 등록되고 있다.

사운드클라우드 카테고리는 음악 외에도 오디오북Audiobook, 학습Learning 등 교육적으로 유용한 오디오 콘텐츠를 구분해 제공한다. 오디오에 댓글을 달 수 있어서 재생 중에도 사용자 의견을 볼 수 있는데, 이 기능은 교실 수업에서 유용하게 활용할 수 있는 기능이다. 외국어 학습을 할 때 말하기를 녹음해 사운드클라우드에 등록하면, 댓글 기능을 통해 선생님과 친구로부터 평가를 받을 수 있다.

사운드클라우드를 이용하다가 마음에 드는 오디오는 좋아요Like, 재생목록에 추가하기Add to Playlist, 내려받기Download를 할 수 있고, 트위터의 리트윗처럼 재게시 기능Repost도 있다.

잘 읽는 것은 잘 이해한다는 것을 의미한다. 특히, 외국어 학습자는 읽기 학습이 매우 중요하므로 사운드 클라우드를 이용해 녹음한 것을 반복적으로 들으면 더 효과적인 어학 학습을 할 수 있다. 만약 시 낭송을 녹음하여 등록한 학생이 친구로부터 칭찬과 공감을 받는다면 문학에 더 많은 관심을 두게 되고, 음악을 전공하는 학생이 연주하거나 작곡한 음악을 공유하면 홍보 목적으로 활용할 수도 있다.

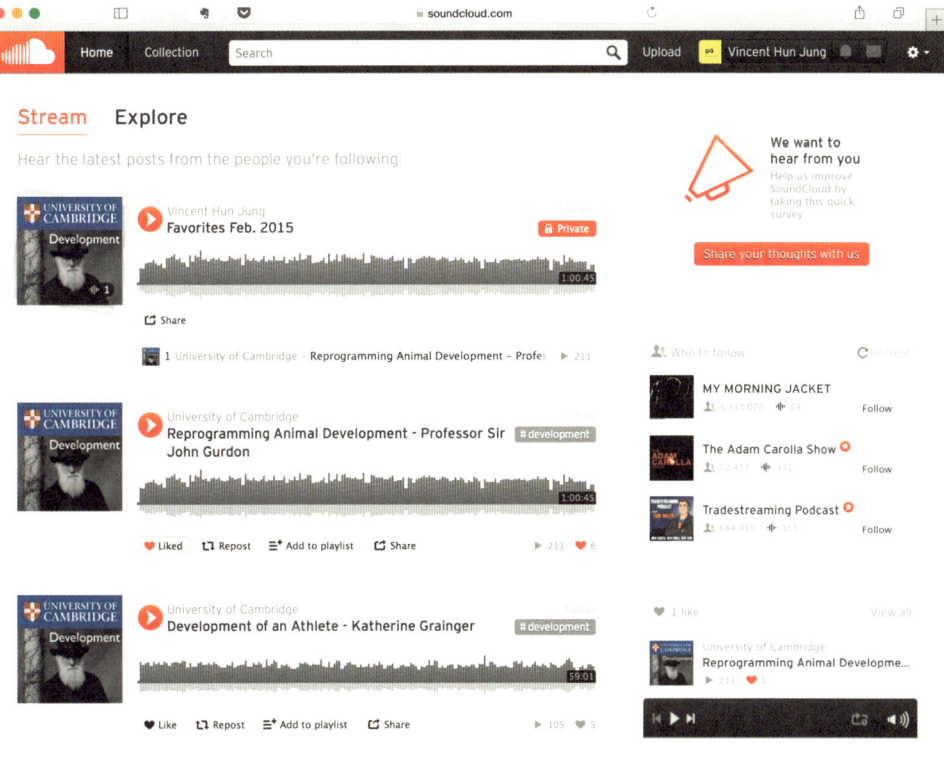

테드 교육
TED Ed

테드 교육은 가치 있는 아이디어 확산Idea Worth Spreading이라는 테드 철학을 계승해 좋은 강의를 널리 알리자Lessons Worth Spreading라는 취지로 시작한 서비스다. 테드를 통해 만들어지는 콘텐츠를 나누어 3~10분짜리 강의로 재생산하고, 큐레이션 기능인 'Create a Lesson'을 활용해 참여자가 직접 강의를 만들 수 있다.

'Create a Lesson' 메뉴는 유튜브 콘텐츠를 활용해 강의을 만들 수 있는데, 교육적인 활용도를 높이기 위해서 ① 유튜브 동영상을 열람한 후, ② 평가할 수 있는 'Think', ③ 심화 학습을 위한 'Dig Deeper', ④ 동영상에 대한 질의응답과 토론을 위한 'Discuss' 메뉴를 제공한다.

테드 교육을 통해 만든 동영상은 일반인에게 공개하거나 개인적으로 활용할 수 있으며, 등록된 콘텐츠에 대해서는 학습자의 이력 분석 리포트를 제공한다. 테드 기반의 'TED Talk Lessons', 테드 교육 전문가가 협력해 개발하고 테드 커뮤니티가 추천하는 'TED-Ed Originals', 사용자 콘텐츠 중에서 선정한 'TED-Ed Selects'를 통해 학습 콘텐츠가 제공된다. (일부 콘텐츠는 시리즈로 제공)

테드 교육 'Community'는 'Lessons Worth Spreading 운동'에 사용자를 참여시키고 있고, 'TED-Ed Club'은 테드 교육 콘텐츠로 토론하고 'TED Talk' 방식으로 아이디어를 발표하는 문화 활동을 교육현장에 확산시키고 있다.

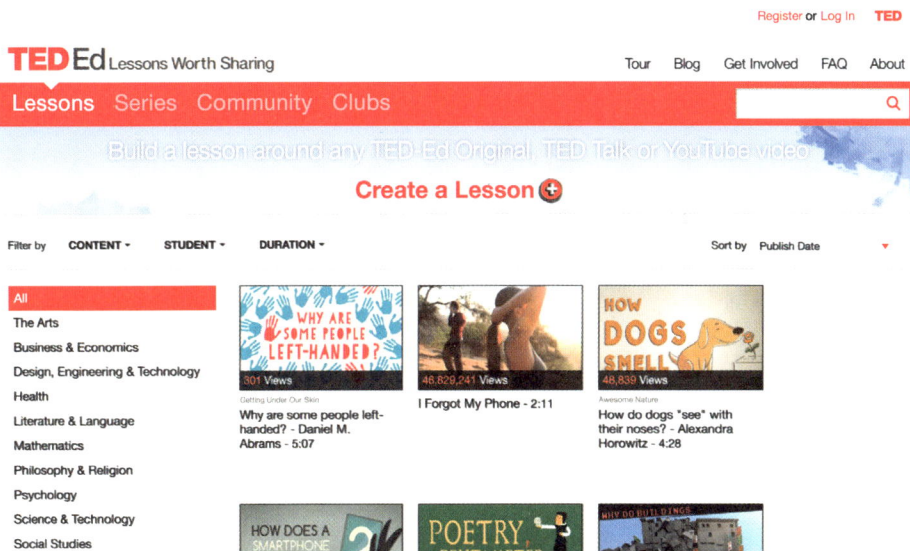

프로젝트 구텐베르크
Project Qutenberg

인류가 생산한 지식 자료를 모아서 전자정보로 저장·배포하기 위한 프로젝트 구텐베르크는 1971년 미국의 마이클 하트Michael Hart에 의해 시작되었다. 프로젝트 구텐베르크는 인쇄술을 발명해 지식 전달을 급속도로 발전시킨 요하네스 구텐베르크에서 착안했다. 인터넷에 전자화된 문서e-Text를 저장해 누구나 무료로 책을 받아서 읽을 수 있는 가상 도서관 구축이 목표이며, 수많은 자원봉사자의 참여를 통해 추진되는 프로젝트다.

현재 프로젝트 구텐베르크에는 고전 원문을 비롯해 약 4만 3천 종의 이북이 있다. 킨들에서 사용할 수 있는 형식인 Mobi와 iBooks, e북에서 사용할 수 있는 ePub 형식을 포함해 다양한 형식으로 파일을 제공하며, 드롭박스, 구글 드라이브, 원드라이브로 바로 전송할 수도 있다.

최신 메뉴는 최근 등록된 책을 보여주는데, 거의 매일 10권 내외로 꾸준하게 책이 등록되며, 알림 서비스를 제공하고 있어서 팔로우Follow나 좋아요Like로 설정하면 트위터와 페이스북을 통해 책 정보를 빨리 받아볼 수 있다.

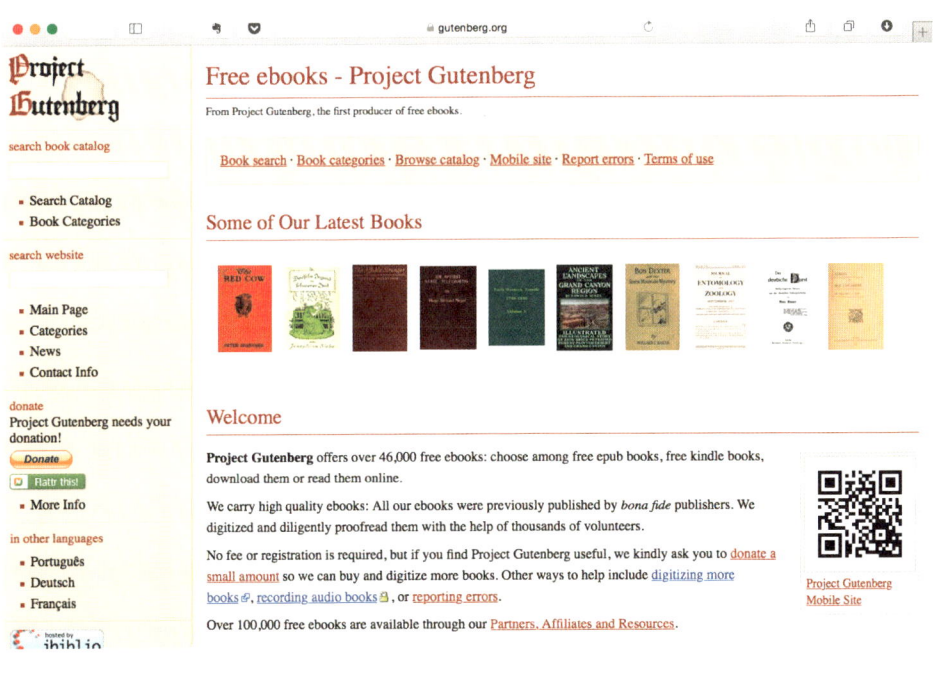

그라파이트
Graphite

그라파이트는 초중고 교사가 엄격하게 평가한 앱, 게임, 웹사이트, 디지털 커리큘럼을 수업에 활용하도록 교사 커뮤니티가 참여하고 커먼센스미디어가 제공하는 무료 서비스다.

등록된 웹사이트, 게임, 앱은 교육 전문가가 개발한 다면평가표에 의해서 엄격하게 평가된다. 학습 점수 Learning Rate와 교수 점수 Teaching Rate를 통해서 교수학습의 유용성에 대한 평가가 이루어지고, 직접 사용한 결과는 'Add to Field Note·Board'에 게시해 수업 계획을 위한 실질적인 정보로 활용된다.

검증자는 콘텐츠를 긍정·부정적인 부분을 평가해 'Engagement', 'Pedagogy', 'Support' 항목에 별점을 부여한다. 또한, 검증자는 어떤 것이 좋은지, 학습에 실질적으로 도움 되는지, 어떻게 활용해 가르칠 것인지에 대한 후기를 작성한다.

그라파이트는 미연방 교육과정에 따라 콘텐츠를 개발하고 있는 'StudySync', 'PBS Learning Media', 'VoiceThread', 'IXL Math', 'Khan Academy'와 같은 대형 교육 콘텐츠 서비스에 대해서 필드노트 Field Note를 제공하며, 그밖에 브레인팝 BrainPOP, 마인크래프트 Minecraft 등 교육 관련 앱도 검증한다. 평가는 커먼센스미디어에서 3점의 별점을 부여하고, 그라파이트 교사 지원단 커뮤니티에서 4점을 부여한다. 일반 선생님도 리뷰에 참여하도록 독려하고 있으며, 필드노트를 통해 리뷰에 참여할 수 있다. 검증자 평가의 주된 방

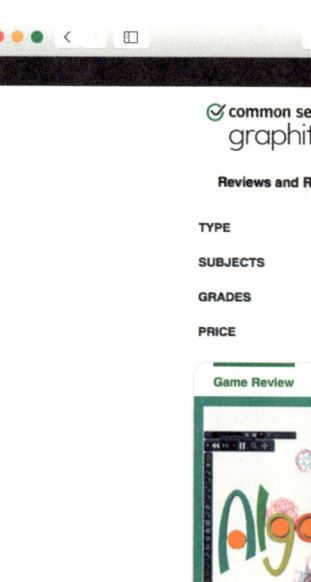

향은 나이에 적정한 미디어인지Age-appropriateness와 품질Quality이다.

그라파이트에서 제공하는 '앱플로우'App Flow는 전통적인 교수학습과정을 디지털 도구와 콘텐츠로 쉽게 통합할 수 있도록 5가지 단계의 프레임워크를 제공하고 있어서 교사가 쉽게 교수학습과정을 만들 수 있다.

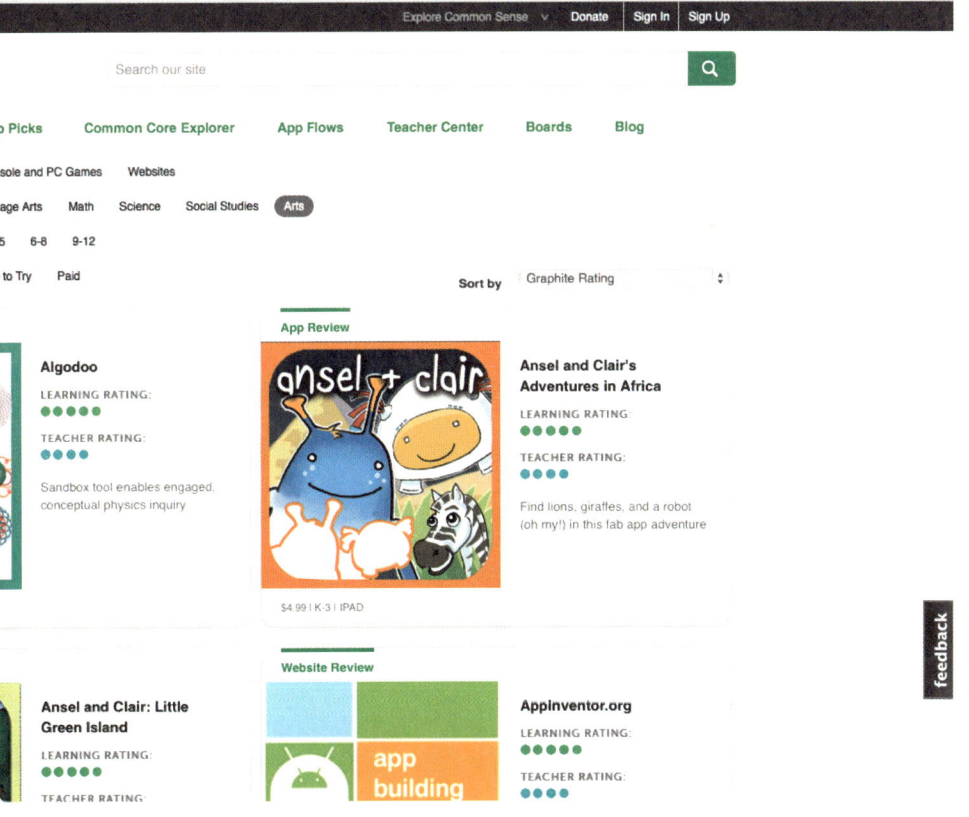

INDEX

ㄱ

가상 51, 70, 86, 134, 182

강의 34, 127, 132, 133, 160, 168, 171, 180

개구리 해부 50, 51

거꾸로교실 116

걷기 58

검색엔진 44, 78

게임 12, 16, 19, 21, 23, 29, 42, 43, 56, 96, 145, 148, 152, 154, 158, 160, 162, 164, 172, 176, 177, 184

고전 28, 29, 66, 182

공공서비스 27

공유 12, 14, 29, 58, 66, 70, 82, 86, 87, 106, 114, 118, 121, 125, 127, 128, 129, 130, 131, 132, 133, 135, 136, 137, 138, 139, 140, 141, 143, 145, 147, 149, 154, 166, 178

과학 36, 44, 45, 46, 47, 48, 49, 51, 53, 56, 64, 78, 96, 98, 114, 145, 152, 156, 158, 160, 174

교수학습 70, 75, 112, 120, 121, 165, 174, 185

교육전문가 30, 37

구글 14, 56, 70, 72, 73, 88, 96, 98, 104, 106, 107, 114, 116, 127, 130, 138, 140, 142, 144, 146, 168, 182

구글 DOC 130

구글 검색 56, 104, 107

구글 드라이브 116, 127, 130, 140, 182

구글 어스 70, 72

구글 행아웃 138, 140, 142, 144, 168

구동사 20, 24, 25

구동사 머신 24

구텐베르크 182

국가교육과정 172

국제교류협력 144, 145

그라파이트 184, 185

글로그스터 에듀 128

글로그피디아 128

글쓰기 32, 87, 112, 113, 133

금융 34

ㄴ

나이키 트레이닝 클럽 54, 55

넘블러 42, 43

네이버 35, 36

노트어빌리티 126, 127

녹음 14, 29, 64, 121, 127, 133, 178

논리력 152

놀라운 인체 52

놀이 39, 87, 90, 100, 152

뉴스 14, 30, 38, 94, 110, 134

닌텐도 56

ㄷ

단어 12, 13, 17, 18, 19, 21, 24, 29, 31, 104

단어장 12, 13, 18, 19

단위변환기 40, 41

단위변환기 컨버터 40, 41

데이터베이스 32, 104

독서록 121

동사편 22, 23

동영상 34, 72, 92, 94, 95, 110, 114, 116, 118, 132, 134, 140, 166, 168, 171, 172, 174, 180

두뇌 42, 43, 56, 90

듀오링고 10

드로잉 64, 86, 87

드롭박스 82, 116, 127, 133, 136, 137, 182

듣기 12, 14, 26, 30, 31

디자인 87, 165

디지털 네이티브 88, 120, 162, 176

디지털 리터러시 102, 108, 120, 176

ㄹ

렘 수면 60

루모시티 56

리더빌리티 108

ㅁ

마음으로부터의 시 28, 29

마이크로소프트 70, 124, 126, 130, 144, 156, 177

마인드 맵 118

마인크래프트 162, 164, 166, 184

말하기 26, 168, 178

메타데이터 107, 110

멘델레예프 44

멤라이즈 16, 17

명시 28, 29

무료 27, 32, 34, 36, 43, 48, 66, 70, 72, 84, 88, 98, 108, 114, 116, 130, 132, 136, 138,

144, 154, 156, 168, 170, 182, 184

무브 58

문제 해결 38, 46, 56, 74, 90, 152, 160

문해력 38

물리학 34, 48

미술관 80, 89

미스터리 스카이프 145

미팅 18, 19, 21, 23

ㅂ

바로풀기 36, 37

반복 16, 18, 22, 31, 54, 60, 178

발음 14, 18, 30, 171

방과후숙제 121

버블링 168

베드타임 매쓰 38

베어풋 월드 아틀라스 78

별자리 차트 46

복습 18, 32, 116

브레인리 148

브레인팝 98, 184

비디오 64, 75, 98, 114, 116, 128, 132, 156, 170

비영리 34, 48, 112, 156, 166

ㅅ

사고 능력 56, 70, 152

사고력 38, 158

사운드클라우드 178

상황 18, 20, 22, 24, 25, 28, 39

생물학 48, 50, 51

선수 54, 64

선행학습 116

소셜미디어 29, 82, 86, 96, 146

속독 56

수면 60, 62, 63

수면주기 측정기 60, 62, 63

수업 46, 70, 73, 75, 113, 116, 120, 122, 124, 128, 132, 134, 145, 156, 162, 168, 170, 171, 172, 174, 176, 178, 184

수학 34, 35, 36, 37, 38, 39, 40, 41, 42, 43, 70, 75, 98, 112, 114, 120, 121, 132, 145, 158, 165, 172, 174, 185

숙어집 20, 21

스뮬 84

스카이프 144, 145

스크래블 42

스크래치 152, 154

스트립 디자이너 82

스포츠 20, 55, 96

시간별 뉴스 30

시뮬레이션 52

시티즌십 144

신경과학 56

쓰기 12, 26, 32, 87, 112, 113, 130, 133, 136, 164

씽! 가라오케 84

ㅇ

아마존 56

아트시 88, 89

암기 16

암기력 16

애니메이션 25, 98, 104, 128, 132, 133, 152, 154, 160

어스뷰어 48

어휘 12, 13, 16, 27, 28, 171

언어 10, 11, 13, 15, 16, 17, 18, 19, 21, 23, 25, 27, 28, 29, 31, 33, 96, 104, 107, 112, 114, 138, 145, 156, 160, 166, 168, 177

에듀넷 106, 176, 177

에듀크리에이션 132, 133

에버노트 108, 110, 120, 121, 122, 123, 125

에어플레이 55, 116

엔터테인먼트 16, 96

역량관리 34

역사 34, 48, 66, 70, 78, 96, 114, 145

역사교육 66

연계학습 18

영어 10, 11, 14, 18, 20, 24, 25, 26, 27, 28, 30, 31, 39, 96, 98, 107, 112, 158, 168, 170, 174

영작 26, 27

예문 18, 25, 32

예술 16, 34, 78, 80, 81, 83, 85, 87, 88, 89, 98

예제 32, 160

오답 32

오디오 14, 50, 110, 116, 121, 126, 127, 133, 142, 178

외국어 30, 168, 178

우마노 14

운동 54, 58, 60, 64, 180

원노트 110, 124, 125

원소 44

위크온 100

위키백과 112, 113

유료 31, 43, 52, 66, 72, 110, 132, 134

유튜브 34, 114, 116, 138, 140, 142, 166, 178, 180

유튜브 교육 114

음악 28, 78, 84, 96, 98, 128, 178

의사소통 26, 28

익스플레인 에브리씽 116

인스태퍼 108

인지 28, 52, 56, 184, 185

인코딩 16

읽기 26, 98, 107, 108, 110, 130, 146, 178

잉비드 170

ㅈ

자주 틀리는 우리말 32

재생 14, 22, 31, 64, 73, 114, 127, 133, 178, 180

저작권 106, 177

정보통신윤리교육 176, 177

종이접기 90

주기율표 44

지구 48

지오캐싱 5, 74, 75, 76

직업 92, 94, 95, 158

진로 92, 94, 95, 177

진척관리 34

ㅊ

참여 14, 16, 34, 51, 54, 56, 66, 68, 74, 84, 88, 96, 112, 121, 130, 138, 140, 142, 146,
　　　156, 168, 170, 176, 180, 182, 184

창작 87, 113, 154

천문학 46, 47

천체 46, 47

철자법 18

첨삭 26, 27

청취 14, 18, 22, 30, 31

체험 학습 100, 127

ㅋ

칸아카데미 34, 35

커뮤니티 64, 87, 100, 128, 146, 148, 154, 156, 168, 172, 174, 180, 184

컨버터 40, 41

컴퓨터 공학 34

코드닷오알지 156, 158

코드 아카데미 160

코딩 16, 34, 152, 156, 158, 178

코치의 눈 64

쿠오라 36, 146, 147

퀄슨 26

퀴즈 12, 13, 18, 22, 32, 51, 96, 98, 171

퀴즈렛 12, 13

퀴즈업 5, 96

크롬브라우저 14

클라우드 108, 110, 116, 127, 136, 178

ㅌ

타임라인 66, 80

타임라인 미술관 80

타임라인 한국사 66

테드 교육 180

토론 27, 34, 116, 145, 180

톡투미 26, 27

트위터 55, 146, 178, 182

ㅍ

팝렛 118

패들릿 134

페이스북 55, 56, 82, 96, 146, 156, 182

페이퍼 86, 87

포켓 108

표준 30, 98, 110

프로젝트 72, 73, 88, 112, 116, 120, 121, 123, 128, 152, 182

플래시 카드 12

플리커 106, 178

피들리 110

피라미드 68

ㅎ

학생관리 34

학습법 18

해부학 50

행동장애 56

행맨 18, 19, 21, 23

협력 16, 112, 121, 127, 128, 134, 144, 145, 165, 174, 180

화이트보드 116, 120, 132

화학 34, 44, 48

A

Artsy 88

B

Barefoot World Atlas 78

Bedtime Math 38

Brain.ly 148

BrainPOP 98, 184

C

Citizenship 144

Coach's Eye 64

Code Academy 160

Code.org 156

Common Sense Media 166

Convertr 40

D

Dropbox 116, 136

Duolingo 10

E

Earth Viewer 48

EBS 27, 114, 172, 174

EBS Math 172

EBS 수학 172

EBS 클립뱅크 174

Educreation 132

Engvid 170

Evernote 120

Explain Everything 116

e진로채널 92, 94

F

Feedly 110

Frog dissection 50

G

Geocaching 74, 75

Glogster Edu 128

Google Drive 116, 130

Google Earth 70

Google Hangout 138, 142

Google Search 104

Graphite 184

H

HHMI 48

Hourly News 30

I

Idioms 18, 20

K

Khan Academy 34, 184

L

Literacy 38

Lumosity 56

M

Memrise 16

Minecraft 162, 184

MIT 152

MOOC 114, 170

Move 58

My Incredible Body 52

Mystery Skype 145

M노트 172

N

Nike Training Club 54

Notability 126

Numbler 42

O

Onenote 124

P

Paddlet 134

Paper 86

Phrasal Verb 20, 24

Phrasal Verb Machine 24

Pocket 108

Poems By Heart 28

Popplet 118

Q

Quizlet 12

Quiz Up 96

Quora 36, 146

Qutenberg 182

R

REM 60

RSS 피드 110

S

Scratch 152, 154

Sing! Karaoke 84

Skilled Origami 90

Skype 144, 145

Sleep Cycle 60

SoundCloud 178

Star Chart 46

Strip Designer 82

T

Talk2Me 26

TED Ed 180

The Element 44

The Pyramid 68

V

Verbling 168

Verbs 18, 22, 24

W

WeekOn 100

Wikipedia 112

Words 18, 21

Y

Youtube EDU 114

3D 44, 51, 52, 68, 72, 174

늘푸른 정훈

IT 기술을 활용한 교육혁신, 교육정보화Education Technology 사업의 제품 기획/서비스 기획/신규사업 기획 영역에서 종사하고 있으며, 자라나는 아이들의 디지털 리터러시와 글로벌 시티즌십을 교육하기 위해 러닝스파크Learningsparklab.co.kr을 운영하며 에반젤리스트로 활동하고 있다. 최근에는 소프트웨어 교육에 대한 지역시민사회의 참여를 확대하기 위해 비영리 코딩클럽 커뮤니티 활동에 참여하고 있다.

http://www.learningspark.co.kr
https://www.facebook.com/learningsparklab

학부모가 알아두면 좋은 디지털리터러시 툴북

지은이	정훈
펴낸곳	공존의 미학 http://blog.naver.com/pubtogether
주소	서울시 광진구 능동로 18, B-502
전화	070-4147-0604
팩스	070-4206-0604
등록	2013년 7월 1일 제2013-000073호
ISBN	979-11-950726-3-7
초판 1쇄	2015년 5월 12일
출판지원	㈜밸류어블디자인랩 www.vdlab.com